LES RUINES
DE POMPÉI.

TROISIÈME PARTIE.

LES RUINES
DE POMPÉI,

Par F. MAZOIS,
ARCHITECTE, INSPECTEUR GÉNÉRAL DES BATIMENTS CIVILS,
CHEVALIER DE L'ORDRE ROYAL DE LA LÉGION D'HONNEUR;

ET CONTINUÉ

Par M. GAU,
AUTEUR DES ANTIQUITÉS DE LA NUBIE.

TROISIÈME PARTIE.

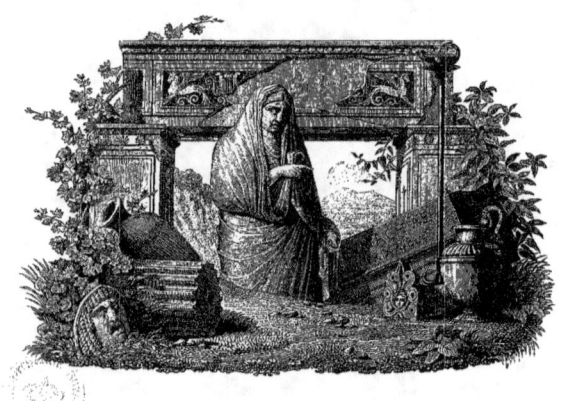

PARIS,
LIBRAIRIE DE FIRMIN DIDOT FRÈRES,
IMPRIMEURS DE L'INSTITUT ET DE LA MARINE, RUE JACOB, N° 24.

M DCCC XXIX.

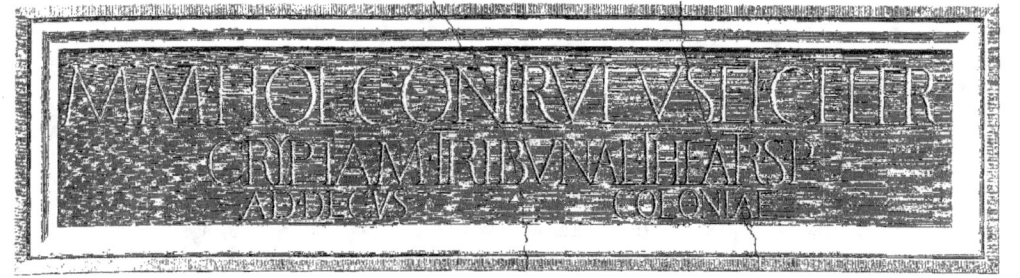

PRÉFACE.

Si je n'avais eu pour but, lorsque j'ai entrepris cet ouvrage, que de me procurer une satisfaction d'amour-propre, ou des avantages personnels, ma constance serait depuis long-temps épuisée; il m'eût été difficile de me résoudre à faire à ma vanité ou à mon intérêt le sacrifice de mes plus belles années et des derniers débris d'une fortune détruite : mais j'ai reconnu, dès les premiers moments, que mon travail sur Pompéi, unique jusqu'alors, désiré depuis long-temps, pouvait être de quelque utilité pour les arts, comme pour la science de l'antiquité, et j'ai aussitôt tout abandonné jusqu'au soin de mon avenir, tout sacrifié jusqu'au nécessaire, pour accomplir cette œuvre que le hasard semblait m'avoir réservée. Seize années employées à rassembler les matériaux nombreux de ce vaste ouvrage, à publier les deux volumes précédents, et à préparer celui que j'offre aujourd'hui, sont les garants de ma persévérance, bien récompensée par les encouragements que le gouvernement, les artistes et les savants ont daigné accorder à mes efforts. En entrant dans ces détails, je n'ai pas l'intention d'occuper de moi, ni d'intéresser davantage; j'ai voulu seulement faire pressentir que mon zèle pour mon entreprise date de loin, et qu'il est fondé sur un motif assez puissant pour qu'on ne puisse imputer à son refroidissement la lenteur avec laquelle les livraisons se succèdent. Les personnes qui, dans les temps orageux que nous avons traversés, ont vu tant d'ouvrages annoncés s'en tenir à leur prospectus, ou s'éteindre dès les premières livraisons; celles qui savent combien le travail de la gravure est long, et combien il est difficile de se procurer de bons graveurs; ces personnes, dis-je, loin de s'inquiéter de la lenteur de ma publication, rendront justice à ma persévérance et aux bonnes intentions de mes éditeurs. L'ouvrage lui-même porte encore avec soi une nouvelle garantie dans la perfection toujours croissante du travail : ce qui annonce que ceux qui s'en occupent redoublent d'effort et de soin pour le rendre digne de l'accueil qu'il reçoit.

Je crois devoir rappeler ici qu'après cette troisième partie désignée par le nom générique de *Portiques*, je donnerai les Temples, les Théâtres, et enfin un plan général de la ville de Pompéi, comme je l'ai annoncé dès l'origine. On a cru devoir répandre que cette dernière partie manquerait à mon ouvrage; elle est faite depuis long-temps, et je n'aurai qu'à y ajouter, au moment de sa publication, les découvertes récentes qui peuvent la compléter. Les fragments de ce plan, que j'ai exposés, en présentent les principales dispositions sur une très-grande échelle; mais celui que je compte donner dans la sixième partie n'est qu'une réduction de ces pages trop étendues pour le format de cet ouvrage : il n'en sera pas moins très-intelligible, parce que l'échelle, quoique réduite, est encore d'une proportion suffisante pour permettre d'exprimer jusqu'aux plus petits détails des plans. Chaque édifice portera un numéro de renvoi qui mettra à même de recourir aux plans, coupes et élévations; enfin une explication succincte terminera ce sixième volume, moins considérable que les autres. Je ne fais que répéter ici ce que j'ai dit dans le Prospectus de cet ouvrage; mais j'ai cru devoir réitérer, afin de ne pas laisser d'incertitude à cet égard.

L'Introduction qui va suivre contient une courte exposition de ce que doit offrir ce troisième volume, et quelques notions générales qui se rattachent aux monuments qui le composent. L'explication de chacun d'eux donnera tous les renseignements nécessaires pour leur intelligence, comme dans les volumes précédents.

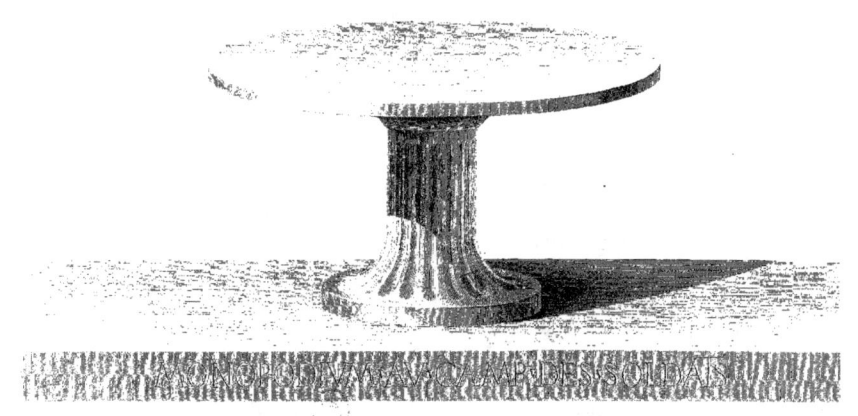

INTRODUCTION.

J'ai donné, dans le premier volume de cet ouvrage, les Monuments funèbres placés hors de l'enceinte de Pompéi; le second volume a offert les Édifices privés; celui-ci traite des Monuments publics qui n'appartiennent ni à la religion, ni aux spectacles, tels que le *Camp*, où logeaient les soldats; les *Curiæ*, où s'assemblaient les corporations de la ville; les *Portiques*, le *Forum*, la *Basilique*, les *Arcs de triomphe*, et autres *Monuments honorifiques*.

En suivant un ordre méthodique dans la publication des Antiquités de Pompéi, je me suis privé sans doute d'un grand moyen de succès, puisque j'ai renoncé à provoquer l'intérêt et à le soutenir en variant les sujets que je présente; mais j'ai fait ce sacrifice en faveur de la science: ces ruines précieuses ne m'ont pas semblé destinées à servir seulement d'aliment à la curiosité, d'amusement pour ceux qui jettent de temps en temps un coup d'œil sur les productions des arts, des sciences et de la littérature; j'ai pensé qu'elles devaient concourir à répandre le plus grand jour possible sur l'histoire de l'art, sur la connaissance des usages publics et privés, sur les mœurs des temps reculés auxquels elles appartiennent: aussi, comme le chimiste qui ne laisse aucune substance dans la nature sans lui demander ce qu'elle peut contenir d'utile aux besoins de l'homme, je n'ai voulu laisser aucun débris de Pompéi sans l'interroger, sans obtenir de lui quelque révélation intéressante pour l'histoire de l'antiquité. Pour arriver à ce résultat, il a fallu nécessairement grouper ensemble les monuments d'un même genre, afin de réunir toutes les recherches, de faire ressortir tous les faits qui leur étaient relatifs. C'est ainsi que dans le premier volume on a obtenu quelques notions de plus sur les cérémonies funèbres; sur la fixation bien précieuse et bien irrécusable du pied romain, qui peut servir de base à la connaissance de toutes les mesures linéaires et agraires des anciens; des renseignements curieux sur la construction des voies antiques, et enfin des éclaircissements très-positifs sur le système de fortifications des Romains de cette époque, qui peuvent servir de commentaire à Vitruve, à Végèce, et à toutes les descriptions de siéges dont les historiens abondent. Le second volume, où sont rassemblées toutes les habitations de Pompéi, a offert un résultat d'un intérêt plus vif encore, puisqu'il a définitivement résolu une question dont tous les antiquaires n'avaient pu dissiper l'obscurité : en montrant ainsi sur une ligne progressive tous les édifices privés de Pompéi, et même quelques uns qui lui sont étrangers, en leur rattachant des recherches considérables et faites de bonne foi, je suis parvenu à offrir l'explication et l'exemple des habitations des Romains, pour toutes les classes de la société, et j'ai eu le plaisir de voir les antiquaires de tous les pays accueillir ce travail comme on reçoit la révélation d'un fait désormais incontestable (1).

Je suivrai donc, pour le troisième volume, la même marche que pour les autres. Il renferme, comme je l'ai dit plus haut, les Monuments de Pompéi, que l'on pourrait appeler municipaux, parce qu'ils se rattachaient à l'exercice des droits politiques; le forum, la basilique, les curies, les portiques, servaient aux assemblées des magistrats et du peuple, pour lesquels on les avait créés.

Ces monuments furent élevés par les magistrats locaux, par les corporations de la ville, ou par la munificence de quelques particuliers, comme l'indiquent les inscriptions qui les accompagnent souvent.

Lorsque la commune en faisait les frais, c'étaient les décurions, les édiles ou les duumvirs spéciaux (2) qui dirigeaient la surveillance des travaux exécutés par des adjudicataires. Les adjudications devaient être précédées d'une annonce publique (3). Pour avoir une idée de cette espèce d'affiches, on peut voir les inscriptions de l'Album au commencement de ce volume. Lorsque la nature des travaux était bien connue du public et le jour de l'adjudication fixé, alors les magistrats, assemblés dans le forum ou dans un édifice capable de recevoir la foule des enchérisseurs et des curieux, faisaient commencer la criée. Ceux

---

(1) Un fragment d'enduit, qui avait jusqu'alors échappé à l'attention des antiquaires, a fourni dans cette seconde partie un monument très-curieux pour la paléographie; ce sont plusieurs exemples de l'écriture cursive des anciens antérieurement à l'ère chrétienne. *Voyez* tome II, page 1.

(2) Il y en avait de municipaux pour la police de la ville; d'autres pour les jeux, pour la justice, etc.; chacun d'eux avait la surveillance des monuments dépendant des attributions qui leur étaient confiées.

(3) Cicer., *in Verrem*, act. II, lib. I, 54.

qui voulaient y prendre part levaient le doigt (1), et déclaraient la somme pour laquelle ils offraient d'exécuter les travaux; chacun des concurrents faisait son offre au rabais (2). Celui qui obtenait ainsi l'adjudication était tenu de donner des cautions (3) pour la bonne exécution des ouvrages. Il reste quelques fragments des conditions générales qui représentaient nos cahiers des charges. Elles excluaient quelquefois telles ou telles personnes (4), dans la crainte que les ouvrages fussent mal faits (5). L'entrepreneur était obligé de ne fournir que de bons matériaux, chacun dans son genre (6). Le terme auquel les travaux devaient être terminés était fixé (7). S'il s'agissait de réparations, l'entrepreneur était responsable du dégât qu'il pouvait faire dans les bâtiments où il travaillait (8), et donnait caution à cet égard (9); on lui abandonnait aussi les vieux matériaux (10). Lorsque les travaux étaient exécutés d'office aux dépens d'une tierce personne, celle-ci déposait, aussitôt l'adjudication passée, la somme à laquelle l'ouvrage était estimé, ou du moins une forte partie, en donnant caution pour le reste (11). Ces conditions générales étaient exprimées dans l'édit du préteur, de l'édile, ou de tel autre magistrat qui présidait à cette opération.

Les édits rendus successivement par les édiles formaient à Rome la législation des bâtiments et des travaux publics, dont on aperçoit quelques traces dans la loi des douze Tables. Malheureusement il ne nous reste que bien peu de chose de ces réglements, qui seraient des documents précieux. Nous savons cependant qu'ils prohibaient les briques crues, et qu'ils fixaient la largeur des murs sur la voie publique et les mitoyennetés (12), les servitudes pour les jours et l'écoulement des eaux (13), la qualité des matériaux, comme la chaux, par exemple, qui devait être cuite depuis trois ans pour être employée (14). Les édits des empereurs continuèrent à fournir des réglements salutaires : ils fixèrent la hauteur des maisons dans l'intérêt de la salubrité et de la sécurité publique (15). Il nous reste une collection curieuse de réglements sur les eaux, les aqueducs, et les travaux qui y étaient relatifs. Frontin cite textuellement plusieurs senatus-consultes faits à ce sujet, et l'on possède les constitutions impériales du Bas-Empire sur les aqueducs de Rome et de Constantinople. Ce sont sans doute de bien faibles fragments en comparaison des nombreux édits réglementaires dont ils attestent l'existence; mais quand nous les possé-

---

(1) Cicer., *in Verrem*, act. II, lib. I, 54.
(2) *Id.*, ibid.
(3) *Id.*, ibid., 55.
(4) *Id.*, ibid., 55.
(5) *Id.*, ibid.
(6) *Id.*, ibid.
(7) *Id.*, ibid., 56, 57.
(8) *Id.*, ibid., 56.
(9) Cicer., *in Verrem*, act. II, lib. I, 56.
(10) *Id.*, ibid.
(11) *Id.*, ibid.
(12) Vitr., lib. II, cap. 8.
(13) *Id.*, lib. I, cap. I.
(14) Plin., *Nat. Hist.*, lib. XXXVI, cap. 23.
(15) Aurel. Vict., Epitom.; Strab., lib. V.

INTRODUCTION.

derions sans lacune, ils seraient désormais de peu d'utilité; il n'en est pas de même des monuments, qui, en offrant des modèles aux artistes, fournissent encore d'heureux renseignements aux historiens et aux antiquaires.

Les édifices que je vais offrir successivement dans ce volume sont d'un haut intérêt; c'est la première fois qu'on en voit de ce genre dans toute leur intégrité; on n'aura point pour les rétablir à se livrer à des compositions chimériques, qui égarent l'antiquaire bien plus qu'elles ne peuvent l'éclairer. Les ruines de Pompéi permettent de remplacer désormais les conjectures par des certitudes, et les restaurations hasardées des artistes modernes par le portrait fidèle des monuments demeurés presque intacts jusque dans les parties les plus fugitives de leurs décorations brillantes.

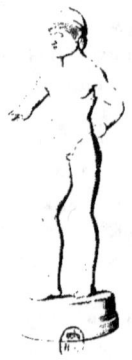

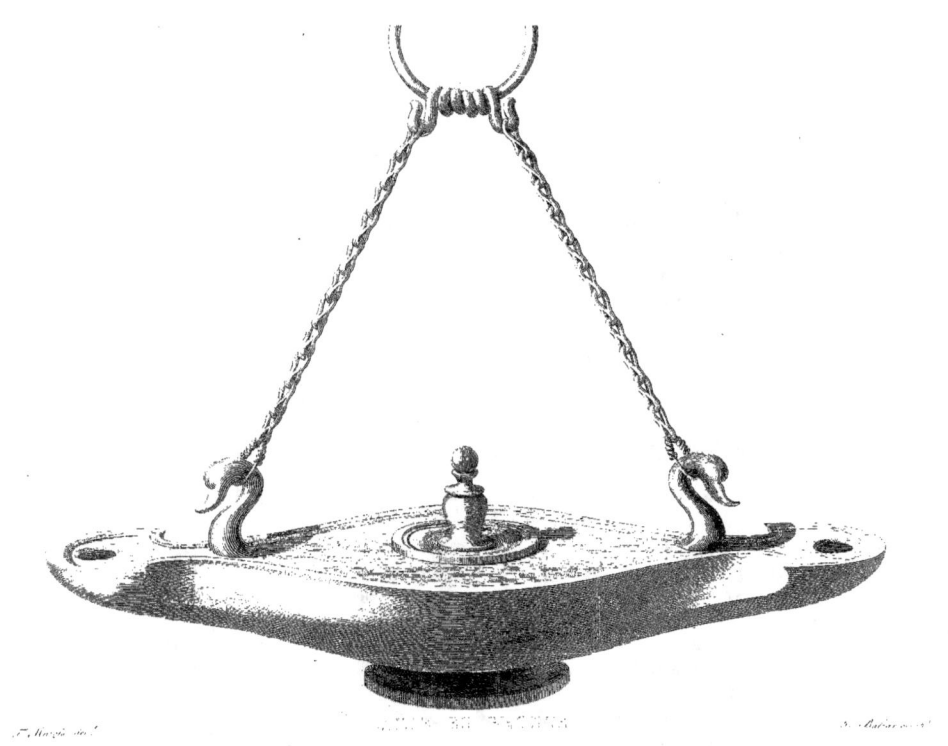

EXPLICATION DES PLANCHES.

PLANCHE PREMIÈRE.

La planche qui sert de frontispice à ce volume offre un monument curieux, qui doit servir à éclaircir plusieurs passages des anciens auteurs sur lesquels on était peu d'accord, et qui révèle un fait intéressant pour la connaissance des usages antiques : cet ajustement, composé de deux pilastres, d'une corniche et d'encadrements d'un goût gracieux, exécuté en stuc, faisait partie d'une longue décoration formée de vingt-trois divisions semblables à celle-ci (1), et appliquée extérieurement au mur d'enceinte du collége des ouvriers en laine. Les panneaux du milieu sont couverts d'inscriptions peintes en rouge et en noir; l'on en voit même de tracées en blanc sur le fond noir du soubassement. C'est là ce que les anciens appelaient l'*album*, sur lequel on écrivait les annonces publiques et particulières. Accurse, dans ses commentaires, avait deviné que l'*album* était une muraille blanchie destinée à recevoir des annonces et autres inscriptions; mais on n'adopta pas son opinion, qui semblait justifiée par un vers de Plaute (2), et mieux encore par le texte de Suidas : Λεύχωμα, *hoc est, album, parietem fuisse gypso inunctum ad inscriptionem civilium rerum aptum* : Leucoma, c'est-à-dire, album : c'était une muraille enduite de plâtre, propre à recevoir des inscriptions sur les choses civiles.

Tous les *album* n'étaient pas aussi richement décorés. On en a trouvé plusieurs à Pompéi qui

---

(1) Les frontons sont alternativement ronds et carrés, comme aux petits autels du Panthéon.
(2)   Si id fiat, ne isti faxim usquam adpareant,
      Qui hic *albo* rete aliena obopugnant bona.
                                    Plaut. in Pers. act. I sc. II v. 21

EXPLICATION DES PLANCHES.

n'étaient que de simples murailles recouvertes en stuc blanc, entre autres celui que Winckelmann vit à la porte de la ville et dont on aperçoit encore quelques traces. Mais celui-ci, érigé aux frais d'une corporation riche (1), devait par sa position près du forum avoir une plus grande importance, soit qu'il fût destiné à recevoir les actes publics, soit qu'il fût plus recherché pour les annonces particulières, parce qu'il se trouvait dans un des lieux les plus fréquentés de la ville. Ce vaste *album* est couvert d'inscriptions aujourd'hui illisibles, mais que peut-être quelque investigateur opiniâtre et intelligent aurait pu reconnaître lors de la découverte de ce monument. Qui sait si l'on n'aurait pas retrouvé, parmi ces nombreuses divisions, l'*album decurionum*, l'*album prætoris*, l'*album judicum*, où l'on écrivait le nom et les actes des décurions, des préteurs et des juges?

Les inscriptions qui couvrent l'album étant désormais presque indéchiffrables, j'y ai suppléé en plaçant dans mon dessin d'autres inscriptions trouvées à Pompéi et qui montrent comment les premières étaient disposées sur les parois sans conserver aucun ordre entre elles.

L'inscription supérieure est une affiche de location qui a été expliquée dans le tome précédent, page 101; les deux autres au-dessous sont deux annonces de spectacle dont il sera question lorsque je traiterai de l'amphithéâtre; la troisième est une de ces inscriptions acclamatoires si fréquentes à Pompéi; enfin, sur le fond opposé du panneau, j'ai placé une inscription osque publiée et expliquée dans la dissertation isagogique de l'académie de Naples. Sur le devant du tableau, on voit une fontaine qui se trouve dans la rue de l'album, et située par rapport à lui comme elle l'est dans cette planche. Les autres fragments proviennent du forum. Ce tronçon de colonne qu'on remarque au premier plan porte une inscription qui nous apprend que *L. Sepunius Sandilianus, fils de Lucius, M. Herennius Epidanus, fils d'Aulus, duumvirs, ont fait construire* (cette colonne) *à leurs frais* (2).

PLANCHE II, III, IV, V.

L'édifice dont la planche IIe offre le plan était incontestablement destiné à recevoir une population divisée en fractions égales, puisqu'il est divisé lui-même en cellules semblables; de plus, toutes les issues, qui étaient fermées avec des portes, annoncent que ce lieu n'était pas public; enfin la ressemblance des distributions avec celles des camps prétoriens dont on a retrouvé les restes à Rome et à la villa Adrienne ne permet pas de douter que l'édifice qui nous occupe ne fût une caserne. On sait que les Romains entretenaient de petites garnisons dans les colonies, pour les maintenir sous leur obéissance ou y faire la police. Quel que fût le petit nombre de soldats qui composaient ces détachements, il était toujours plus que suffisant contre des citoyens désarmés; car les légionaires avaient le droit de porter des armes, comme on le voit par le passage suivant de Pétrone : « *Après avoir ainsi parlé, je ceignis mon épée.... et je me mis à errer comme un furieux sous les portiques .... Un soldat qui me suivait*

---

(1) Il paraît, d'après deux inscriptions trouvées dans le monument contre lequel cet *album* se trouve appliqué, que c'était le collége des foulons ou ouvriers en laine. Il est presque probable que ce sont eux qui ont ainsi décoré leur mur extérieur, ou du moins Eumachia, bienfaitrice du collége, dont elle avait restauré à ses frais tous les bâtiments. On ne peut douter que, dans un pays où tout le monde était vêtu d'amples habillements de laine, les ouvriers qui s'occupaient à tisser, à teindre ou à nettoyer ces vêtements, n'exerçassent une profession très-lucrative.

(2) M. Letronne, à qui j'ai communiqué cette inscription, lui a donné place parmi plusieurs autres inscriptions monumentales dans ses *Recherches pour servir à l'histoire de l'Égypte, pendant la domination des Grecs et des Romains*. Comme elle n'est pas correctement écrite dans la gravure que je donne, je crois devoir la répéter ici.

L. SEPVNIVS. L. F.
SANDILIANVS.
M. HERENNIVS. A. F.
EPIDANVS.
DVO. VIRI.
D. S. P. F. C.

EXPLICATION DES PLANCHES.

de l'œil.... me dit : De quelle légion es-tu, camarade, et de quelle centurie? Moi ayant hardiment donné un faux nom de centurion et indiqué une légion, C'est bien, dit-il; mais dans votre légion vous portez des chaussures bien légères (1) *.... et il m'ordonna de déposer mon arme, si je voulais éviter le châtiment* (2). » Il faut remarquer que la scène tracée par Pétrone a lieu en Campanie, dans quelque ville aux environs d'Herculanum (3); ce qui prouve que Pompéi pouvait avoir aussi un *camp* ou caserne pour les légionaires; et les objets trouvés dans les fouilles de l'édifice que j'offre ici corroborent ces conjectures. En effet, on a recueilli en cet endroit un harnais de cheval de selle, des armes, des casques, des cnémides ou bottines de bronze; et l'on y a trouvé trois squelettes de prisonniers. Ces armes, il est vrai, appartenaient à des gladiateurs et non à des soldats; mais on a dû les déposer dans un lieu militaire, de préférence à tout autre. Si cette circonstance pouvait porter quelqu'un à regarder le camp de Pompéi comme une école de gladiateurs plutôt que comme une caserne, on pourrait lui faire observer que Pompéi ne pouvait certainement pas avoir une école de ce genre aussi considérable; que l'on n'a retrouvé en cet endroit aucune de ces inscriptions dont les gladiateurs féroces et vaniteux barbouillaient les lieux consacrés à leurs jeux et à leurs combats (4); enfin que, vu le peu d'importance de la ville, ses spectacles devaient être servis par des troupes ambulantes ou par des gladiateurs soit de Naples soit de Capoue : on a retrouvé, en effet, des annonces qui semblent le prouver(5). Ainsi donc, tout ce que la présence de ces armures et de ces épées de gladiateurs trouvées dans le camp pourrait faire penser, c'est qu'on y logeait ces derniers lorsqu'ils venaient à Pompéi, et qu'on y conservait des armes précieuses pour les jeux de l'arène. Je crois donc qu'en regardant comme un camp ou caserne l'édifice connu à Pompéi sous le nom de *camp des soldats*, on ne se laisse point aller à une fausse conjecture; aussi, c'est en adoptant cette destination que j'ai essayé l'explication suivante :

1 Rue ou impasse venant de la rue de l'Odéon (6) et donnant accès au camp par derrière le *postscenium* de ce petit théâtre. Cette communication était autrefois pavée; mais un ingénieur, lors des premières fouilles de Pompéi, en fit enlever les pavés de basalte pour les briser et les employer à ferrer la chaussée de la route de Naples à Salerne, qui passe à quelques pas de là. 2 Porte du camp vers la rue de l'Odéon. Le seuil de cette porte, très-bien conservé, laisse voir le trou de scellement des crapaudines qui recevaient les pivots des battants. 3 Autre entrée sur le portique et la petite place, derrière le grand théâtre. 4 Troisième entrée au pied d'un escalier qui monte à la plate-forme sur laquelle est situé le vieux temple et le grand portique de cent colonnes qui longe le théâtre. 5 Entrée pour descendre de la plate-forme au camp. Je dois avertir que l'entrée actuelle, du côté de la route pratiquée dans la cour N° 13, est moderne. 6 Loge pour le gardien ou la sentinelle : cette loge me fait penser que l'entrée véritable et permanente était celle vers la rue de l'Odéon. 7 et 8 Chambres de soldats. 9 Terre-plein au-dessus duquel il y avait des chambres au premier étage. 10 Chambres de soldats. 11 Dans cette chambre on a trouvé les squelettes de trois prisonniers. Ils avaient les pieds passés dans ce qu'on appelle des ceps:

---

(1) Cette chaussure, que Pétrone appelle *phæcasium*, était celle des philosophes et des prêtres, et non celle des soldats, qui portaient la *caliga* armée de clous.
(2) Petron. Satyric. cap. 18.
(3) Dans le fragment de Pétrone trouvé à Bellegarde et publié par Naudot, il est question des portiques d'Hercule : c'était, selon la dissertation du signor Ignara *de Palæstra Neapolitana*, cette partie d'Herculanum qui forme aujourd'hui le village de Portici. Cette circonstance est remarquable, parce qu'elle prouve l'authenticité du fragment de Naudot, publié plus de soixante ans avant les premières découvertes d'Herculanum, et qu'elle coïncide bien avec le lieu général de la scène, qui est Naples et ses environs.
(4) Les corridors de l'amphithéâtre, les carrefours, les cabarets fréquentés par cette espèce d'hommes, offrent un grand nombre d'inscriptions et de tableaux relatifs aux combats dans lesquels ils étaient demeurés vainqueurs. J'en donnerai plusieurs en décrivant l'amphithéâtre.
(5) On trouvera ces inscriptions dans la description de l'amphithéâtre.
(6) On trouvera cette impasse et la rue citée, dans le plan général.

EXPLICATION DES PLANCHES.

C'était une machine en bois ou en fer, percée de trous, au moyen de laquelle on enchaînait par les pieds plusieurs prisonniers à la fois. Ces malheureux, ainsi attachés, ne purent fuir lors du désastre, et périrent dans leur prison. 12 Chambres de soldats. 13 Autres chambres de soldats dont on a fait, depuis les fouilles, une petite cour, avec une porte que je n'ai pas indiquée, et qui sert d'entrée du côté de la route de Naples. 14 C'était comme une espèce de *tablinum*, dont les parois étaient décorées de trophées militaires peints à fresque : un fragment de cette décoration est conservé au Musée de Portici. On peut regarder cette pièce comme un lieu de réunion pour l'état major du camp; sa forme, semblable aux *tablinum* des habitations, et sa situation, semblent l'indiquer. 15 Portique qui donnait entrée aux magasins, 16, et à la cuisine, 17. Cette cuisine est remarquable, parce qu'on y trouve les foyers encore bien conservés: ils ont la forme de ce qu'on appelle, en termes culinaires, une paillasse, c'est-à-dire d'une espèce d'âtre relevé, et s'étendent le long d'une grande pièce de manière à permettre de faire la cuisine pour un grand nombre de personnes. 18 Chambre de soldats. 19 Escaliers pour monter au premier étage. 20 Grand escalier pour monter au quartier de l'état major, placé au-dessus du portique. 21 Puits pour puiser dans les citernes où l'on conservait les eaux pluviales, qui y étaient amenées par une gargouille, ou petit canal en pierre, placée autour de la grande cour : ce canal avait de distance en distance des trous carrés et profonds, destinés à recevoir les saletés que l'eau pouvait entraîner et qu'elle y déposait en passant, s'épurant ainsi d'elle-même avant de tomber dans la citerne. Je crois devoir avertir que la fontaine qui existe aujourd'hui au camp des soldats est très-moderne. Il y en avait une auparavant, composée avec un charmant monument antique, que j'ai donné tome II, planche III, fig. Ire; mais, comme elle ne fournissait pas assez, on y a substitué un jet d'eau plus abondant. La grande cour carrée qu'environnent les portiques servait de place d'armes. 22 Portique intérieur à l'entrée du camp et donnant entrée au *postscenium* de l'Odéon. 23 Parties de l'Odéon. 24 Cour ou petite place derrière le *postscenium* du grand théâtre. 25 Citernes ou réservoirs, qui n'existent plus aujourd'hui, mais dont les plans avaient été relevés par feu M. le Chevalier Lavéga.

Le camp fut une des premières découvertes que l'on fit à Pompéi, ou du moins c'est une des premières dont on ait pris soin; car, dans l'origine, on détruisait et l'on recouvrait les ruines dès que l'on en avait enlevé les objets précieux qu'on y trouvait. Lorsque l'on commença à débarrasser cet édifice des cendres sous lesquelles il était enseveli, on eut l'attention d'en rétablir une partie avec un soin particulier, en conservant tous les fragments, pour les replacer, ou les imiter, si l'on ne pouvait les faire servir encore. La charpente et la menuiserie calcinées furent soigneusement restituées dans leur ancien état, d'après ces indications; aussi la coupe que l'on voit, pl. III, peut-elle être regardée comme la restauration la plus authentique qu'il soit possible de faire. Un balcon continu donnait entrée à toutes les pièces du premier étage, où étaient distribuées des chambres pour les soldats et les officiers. J'ai habité pendant plusieurs années l'une de ces petites cellules, et j'y ai appris qu'il ne faut ni un vaste logement, ni ce qu'on nomme les douceurs de la vie, pour être véritablement heureux, toutes les fois que l'on joint au strict nécessaire le charme de l'étude et quelques nobles espérances.

Tout l'intérieur du portique et des chambres était peint d'une manière agréable, quoique un peu négligée dans l'exécution. Les colonnes étaient peintes aussi : comme elles sont en nombre impair, celles du milieu sont vertes, et les autres alternativement jaunes et rouges. Peut-être ces quatre colonnes du milieu, qui indiquent ainsi les deux axes de la place d'armes, servaient-elles de jalons pour la manœuvre.

La pl. III, fig. 1, donne le détail en grand des cellules et de l'ordre dorique. Cet ordre fut dans l'origine un dorique grec fort simple et assez gracieux, en lave de tuffe ou *piperno*, fig. II; mais plus tard, lors d'une restauration, il fut enveloppé d'un enduit en stuc, qui le défigure, comme on le voit fig. III. La fig. IV donne des chapiteaux restaurés de la même manière dans le portique qui conduisait du camp au grand théâtre. Ces exemples, quoiqu'ils ne soient pas dépourvus de quelque grace, ne sont sans doute pas ceux qu'on cherchera dans Pompéi pour les imiter. Cependant il faut avouer que les artistes qui, même en s'écartant de leurs beaux modèles, faisaient encore des choses aussi agréables, devaient avoir quelque supériorité sur nous, dont les écarts sont toujours bizarres et malheureux.

Les deux vues que l'on trouve pl. V peuvent donner une idée de l'état actuel de l'édifice. L'une est prise de la porte n° 3, voyez le plan; l'autre auprès de la chambre n° 12, après le n° 11.

La fig. 1ʳᵉ de la pl. VI montre l'état actuel de l'escalier qui montait du camp et de la cour derrière le grand théâtre à la plate-forme où se trouve le vieux temple. Cette vue est prise de la porte postérieure du grand théâtre. La fig. II représente un candélabre qui faisait partie de l'ancien musée de la Reine.

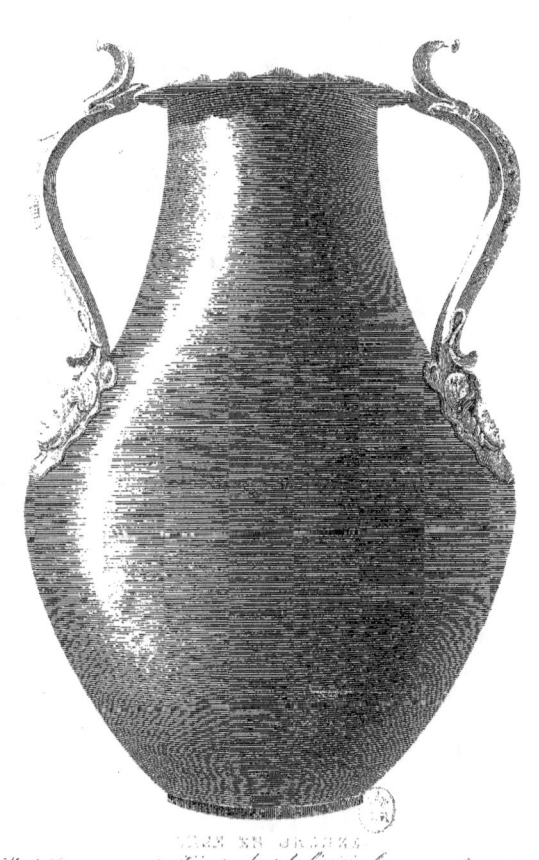

moitié grandeur de l'original.

PLANCHE VII.

Les anciens avaient peuplé le ciel, la terre et les eaux de divinités si nombreuses, qu'il y avait dans une ville plus de lieux consacrés à ces dieux de toute espèce que d'habitations (1). Cette assertion n'a rien d'exagéré, car chaque maison possédait au moins un autel aux dieux Lares, sans compter les chapelles domestiques et celles qu'on élevait dans les endroits publics. Mais ces dieux, grands et petits (2), n'étaient pas difficiles à honorer, et ils se contentaient, dans l'occasion, d'autels et d'offrandes les plus simples. Josèphe raconte qu'un Alexandrin, ayant voulu sacrifier en présence des Juifs, fit un autel avec un pot de terre renversé sur lequel il immola un petit oiseau. Ce sacrifice bizarre, loin de paraitre ridicule, suffit pour causer une sédition; ce qui prouve que le culte, dépouillé de sa magnificence, n'en conservait pas moins son caractère sacré aux yeux des peuples. On ne doit donc pas être étonné de rencontrer dans Pompéi tant de petits monuments religieux dont quelques-uns sont de la plus grande simplicité et même quelquefois grossièrement ornés. Mais, lorsque l'imagination se refuse à reconnaître dans un petit piédestal de briques et de plâtre l'autel du maître du tonnerre ou celui de ce roi des mers qui en trois pas franchissait l'espace qui sépare l'Égypte de l'Olympe, il faut oublier un moment les sublimités d'Homère, et jeter les yeux sur ces calvaires, ces madones qui remplissent les carrefours de Naples, à côté des temples magnifiques de cette vaste cité; partout, en tout temps, l'homme a voulu avoir à sa portée, et représenter, suivant ses facultés, ces choses du ciel avec lesquelles il correspond par la pensée à toute heure, et dans toutes les positions de la vie. Voilà ce qui a multiplié chez les anciens et chez les modernes les lieux consacrés et les simulacres religieux.

L'autel que l'on voit pl. VII est surmonté d'un petit bas-relief malheureusement fort détérioré, représentant un sacrifice, comme tous les tableaux du même genre. Le fronton qui termine la partie supérieure de l'encadrement renferme un aigle. Cet oiseau indique-t-il que le monument fut consacré à Jupiter et non aux *Lares compitales*? ou bien n'est-il qu'un ornement insignifiant, placé, par tradition, dans cette partie de la décoration qui avait pris chez les Grecs le nom de l'aigle, ἀετός? Les tuiles qui recouvrent le mur ont été posées depuis les fouilles pour préserver les stucs.

Cette planche offre encore, au-dessous de la vue que je viens de décrire, un morceau en plastique d'un dessin charmant, qui peut nous donner une leçon de bon goût et d'adresse. Ce fragment appartient à un *chenau* ou gouttière: c'est ainsi que les anciens savaient déguiser, avec un art admirable, des objets que nous laissons apparaitre dans toute leur nudité, et qui défigurent nos édifices modernes. L'économie même ne serait point froissée par une décoration pareille, puisqu'elle se fait au moule avec une matière commune, et que, par le moyen de la presse hydraulique ou d'une machine à vapeur on pourrait fabriquer en grand, à bon compte et fort vite, des ornements de ce genre pour toutes les parties des bâtiments où elles pourraient être applicables. La coupe de ce fragment de plastique montre la manière dont l'enroulement supérieur est enté sur le morceau inférieur.

---

(1) Pétrone fait dire à une femme: *Sachez qu'il y a dans cette ville tant de divinités, qu'il est plus facile d'y trouver un Dieu qu'un homme.* Satyric. cap. 7.

(2) *Dii magni*: c'étaient les douze grandes divinités mythologiques. *Dii minuti*: cette classe se composait de toutes les autres divinités, qu'on appelait aussi *Dii patellarii*, parce que leur culte n'exigeait qu'une simple *patella*. Pitiscus compte jusqu'à soixante et une espèces de divinités renfermant chacune plusieurs dieux ou déesses, et cette nomenclature n'est même pas complète.

EXPLICATION DES PLANCHES.

PLANCHES VIII ET IX.

Ces deux planches contiennent le plan, l'élévation et les détails du Propylée (1) qui donne accès au portique de cent colonnes situé derrière le théâtre. (2) Ce Propylée date du bon temps de l'art à Pompéi, et appartient à une série de monuments où le goût grec, dans toute sa simplicité, dans toute sa grace, annonce une époque antérieure à l'influence que les Romains exercèrent sur l'architecture dans la grande Grèce. L'ensemble en est noble et d'un bel effet; les détails joignent à une grande finesse dans le travail, à une recherche extrême dans les profils, une certaine sobriété d'ornements et quelque chose de large dans la distribution des moulures, qui donnent un caractère remarquable à cet ordre, dont la découverte n'est pas indifférente, car les exemples de ionique grec sont peu nombreux. Je ne dis pas que celui - ci puisse être copié servilement comme un chef-d'œuvre de première classe, mais il n'est pas indigne de la famille à laquelle il appartient; il rappelle par ses formes caractéristiques le ionique du temple de Minerve Poliade et celui des bords de l'Ilissus; et si au lieu d'être exécuté en tuf volcanique (3), cet ordre eût été taillé dans les marbres purs et brillants de Paros, du Pentélique ou de Chios (4), il aurait depuis long-temps une célébrité qui lui est peut-être due, au moins sous le rapport de l'histoire de l'art (5). Toute la partie supérieure est détruite, comme on le verra dans les planches XIII et XIV; mais les bases et les fûts de colonnes qui sont encore en place, les chapiteaux (6) et l'entablement ont fourni les éléments les plus positifs pour la restauration que je présente.

PLANCHES IX *bis* ET X.

Le Propylée, dont je viens de parler dans l'article précédent, donne accès, comme je l'ai dit, à un *Hécatonstylon* ou portique de cent colonnes, situé le long du grand théâtre. Eusèbe nous fournit un rapprochement assez curieux à ce sujet; c'est qu'il existait à Rome un *Hécatonstylon* semblable près du théâtre de Pompée (7). Celui-ci, seul exemple d'une disposition semblable, mérite une attention particulière : il est situé sur l'un des points les plus élevés de Pompéi ; la

---

(1) En donnant le nom de Propylée à ce monument, je ne fais que lui appliquer la dénomination qui lui appartient, προπύλαιον, *avant-porte*; c'est bien en effet l'avant-porte du portique. Le mot *Prothyrum*, προθύριον, que les Romains eux-mêmes avaient naturalisé chez eux (Vitruv. lib. VI, cap. 10), aurait pu être employé ici puisqu'il a la même signification (Ruin. de Pomp, t. II, p. 18); mais comme il a été particulièrement affecté dans Vitruve et dans cet ouvrage à l'une des distributions des habitations, j'ai craint de l'appliquer à une autre disposition, qui, quoique à peu près semblable, aurait pu cependant jeter quelque confusion dans les idées.
(2) Voyez la planche IX *bis*.
(3) Ce tuf, assez tendre, a pour base une cendre grise provenant des éruptions du Vésuve antérieures à la fondation de Pompéi.
(4) Ce dernier marbre, quoique moins souvent cité que les autres, était un des plus beaux de la Grèce, et les ouvriers de Chios étaient renommés pour leur habileté; mais ce ne pouvait être un marbre statuaire : Pline en cite deux variétés; l'une noire appelée marbre lucullien, parce que Lucullus l'introduisit à Rome, et l'autre tachetée. C'est sans doute de cette dernière espèce qu'étaient les colonnes que Cicéron recommandait à Atticus de faire faire par Apelle de Chios pour le mausolée de Tullia. (Plin, lib. V, cap. 31, et lib. XXXVI, cap. 6; Cicer. ad Attic, lib. XII, Epist. 18).
(5) Je dois avertir que le graveur a écrit à l'extrémité de l'échelle de proportion *pieds* au lieu de *toises*. Ainsi, l'échelle est de 4 toises.
(6) Les chapiteaux d'angles taillés avec celui de l'ante dans un même bloc existaient aussi tous les deux en 1810. J'en vis détruire un à cette époque pour faire du moellon; le maçon chargé de quelques réparations trouvant plus commode de briser des monuments précieux à l'insçu de ses chefs, que d'aller chercher plus loin les pierres dont il avait besoin. Je ne sais si l'autre n'aura pas eu le même sort. En révélant ce fait, pour la justification de mon travail, je dois avertir qu'il ne saurait être mis sur la responsabilité des personnes chargées de la haute direction des fouilles, qui ne peuvent résider sur les lieux : il y aurait à cela trop de sévérité et peut-être de l'ingratitude. M. le chevalier Arditi a depuis 25 ans par son zèle et ses soins rendu trop de services à la science de l'antiquité en dirigeant avec une sagacité rare les fouilles qui ont révélé tant de monuments précieux, pour qu'on ne lui conserve pas toute la reconnaissance possible, ainsi qu'à M. Bulucci, architecte dirigeant les travaux. M. D'Appuzo est chargé aujourd'hui de la direction des fouilles, et cet artiste, à la fois architecte et antiquaire, est digne de la mission qui lui est confiée.
(7) *Theatrum Pompeji incensum et Hecatonstylon*. (Euseb. in chron.)

base du sol est un rocher de lave de feu (1) d'une médiocre dureté (2), qui s'étend dans toute la partie méridionale de ce site, et place ainsi cette ville sur une éminence, à l'extrémité de la plaine qui la sépare des premières déclivités du Vésuve.

La mer venait battre le pied des fortes murailles servant à soutenir le terre-plein sur lequel l'hécatonstylon et tous les monuments qu'il renferme sont assis. Ces murailles, construites en bel *Isodomon* (3), formaient la défense de la ville de ce côté. Une chose digne de remarque, c'est que plusieurs des monuments placés en cet endroit portent le caractère d'une haute antiquité. Je n'hésite pas à croire que l'espace circonscrit par l'hécatonstylon ne soit ou l'ancienne *Acropolis* de la ville, ou son premier *Forum*. Le temple, d'un dorique très-sévère, offre une analogie frappante avec ceux de Pæstum : les parties évidemment les plus anciennes sont même construites comme ces derniers, d'une pierre formée par concrétion, où l'on reconnaît des pétrifications de roseaux et d'arbustes absolument semblables à celles de la plaine de Pæstum; or, on ne retrouve nulle part aux environs de Pompéi l'analogue de ce calcaire; enfin, tout se réunit pour assurer aux monuments de cette partie de la ville la priorité de date sur les autres, ce qui doit les rendre très-intéressants pour l'histoire de l'art.

Ce portique, comme tous ceux que j'ai observés à Pompéi, était fermé à ses extrémités; on reconnaît au propylée la trace des portes qui servaient à le clore, car il paraît que ces lieux, quoique publics, n'étaient point d'un libre accès à tout le monde. On voit dans la vingt-quatrième oraison de Cicéron en faveur de Publius Sylla (4) que ce dernier ayant conduit une colonie à Pompéi, les nouveaux habitants et les anciens se divisèrent au sujet des élections municipales et surtout à cause du portique, probablement celui du forum, dont les citoyens originaires prétendaient se réserver la possession à l'exclusion des colons. Cette dissension dura plusieurs années, jusqu'à ce que les deux partis fatigués de cet état de choses s'en remirent à l'arbitrage des protecteurs de la ville (5). Ce passage infiniment curieux révèle toute l'importance que les anciens attachaient à ces portiques, qui ne sont souvent pour nous que des décorations inutiles, mais qui pour eux étaient à la fois une promenade commode et un lieu honorable. Ils devaient sans doute en défendre l'accès aux esclaves, aux vagabonds, puisqu'ils prétendaient quelquefois, comme on vient de le voir, en exclure des colons auxquels ils ne reconnaissaient pas le titre de citoyen; cela explique pourquoi ces portiques étaient clos par des portes aux endroits qui y donnaient accès. Ce fait historique permet aussi d'apprécier la douceur du gouvernement romain envers les villes municipes qui avaient subi le joug de la république : une division, une sorte de guerre civile entre les citoyens d'une cité conquise et des citoyens romains vétérans

---

(1) Les pierres produites par les volcans sont ou de tuf ou basaltiques: les premières sont formées par l'aggrégation de la cendre et des scories volcaniques, au moyen d'une immersion générale au moment de l'éruption, qui alors verse les matières dans un état liquide, ou au moyen de l'action lente de l'humidité, qui, en dissolvant les molécules réduites à l'état de chaux, provoque l'aggrégation de toutes les parties destinées à former ce tuf. On a trouvé à Albano des bancs de tuf semblable, dans lesquels et sous lesquels il y avait des objets d'une antiquité reculée qui y avaient été enfouis lorsque la pierre était encore à l'état de cendres. Il y a du tuf volcanique blanc, comme celui du mont Pausilipe, mais la couleur en est ordinairement grise. Les pierres basaltiques sont le résultat des laves dites de feu, parce qu'elles sortent des volcans, en fusion et enflammées, dans un état absolument semblable à la fonte de fer lorsqu'elle s'échappe du fourneau. Il y a près de Naples des bancs de cette nature d'une épaisseur gigantesque, entre autres celui qui descend de la Solfatara vers la mer, sur la route de Pouzzole ; on pourrait y tailler des colonnes de 60 pieds d'un seul morceau: celles de la place du palais-royal à Naples qui sont d'une seule pièce ont été tirées de cette carrière.

(2) La lave qui forma ce rocher n'a pas la même dureté que les laves plus récentes, elle appartient sans doute à des couches différentes du vaste laboratoire où le volcan travaille sans cesse, et elle renferme une grande quantité de petits sphéroïdes cristallisés qui ont depuis la grosseur d'un petit pois jusqu'à celle d'une noisette.

(3) Construction en pierre de taille par assises réglées et d'égales hauteurs. (Vitruv. lib. II, cap. VIII).

(4) Neveu du dictateur.

(5) Ciceron. orat. XXIV, pro Sylla, 22.

EXPLICATION DES PLANCHES.

du dictateur Sylla exista pendant plusieurs années sans que ce sénat, pour qui c'était un jeu de renverser des trônes et de bouleverser des empires, osât violer l'indépendance municipale en interposant son autorité, pour faire finir des différends nés de l'existence d'un droit qu'il respectait. Ce sont des arbitres qui prononcèrent : mémorable exemple de respect pour les institutions, donné envers la faiblesse par le pouvoir le plus immense qui ait jamais pesé sur la terre.

La description suivante va faire connaître tous les détails de ce que renferme l'Hécatonstylon.

1 Propylée (1), 2 fontaine (2), 3 portes de l'Hécatonstylon, 4 fontaine (3), 5 regards des citernes où l'on conservait les eaux pluviales. Le soin que les habitants de Pompéi apportaient à recueillir ces eaux (4) semble au premier coup d'œil être en contradiction avec le grand nombre de fontaines que l'on y rencontre et les ruines d'un aquéduc que j'y ai retrouvées; mais un examen prolongé m'a fait conjecturer avec quelque vraisemblance que l'arrivée des eaux courantes à Pompéi au moyen d'un aquéduc est postérieure à l'asservissement de cette ville aux Romains; en effet presque toutes les fontaines sont d'un travail qui ne rappelle point les types de l'art grec. Elles sont de plus placées comme après coup contre les monuments, au milieu des dispositions qui les avoisinent sans se lier avec elles par aucun arrangement. L'aquéduc lui-même, dont il ne reste que peu de chose, a toute l'apparence d'un ouvrage romain et ressemble aux constructions les moins anciennes découvertes dans les fouilles; enfin l'état politique de la ville avant sa conquête ne lui permettait pas sans doute d'aller chercher à grands frais les eaux dont elle avait besoin sur le territoire indépendant de Stabia, avec laquelle elle n'avait aucune communauté d'existence municipale (5). Ces considérations me portent à penser que l'usage des citernes fut antérieur à l'établissement des fontaines, et qu'il ne dut se perpétuer que par la force des habitudes traditionnelles.

6 Piédestal de la statue de Marcellus, patron ou protecteur de la ville; ce piédestal en marbre porte l'inscription suivante :

M. CLAVDIO C. F. MARCELLO

PATRONO.

7 Cette séparation entre le portique et l'esplanade du temple me parut long-temps être les restes d'un mur de clôture ruiné, et alors je ne pouvais m'expliquer l'existence de ce mur inutile, puisqu'il ne pouvait clore le portique vers le Propylée; nuisible, puisqu'il devait intercepter le soleil et rendre cet endroit humide et froid l'hiver; mais en 1812, lorsque l'on enleva le reste des terres qui couvraient encore une partie de ces ruines, je reconnus que c'était un banc revêtu d'un stuc noir très-dur et dans lequel étaient incrustés, en manière de mosaïque, de petits morceaux de marbre fort éloignés les uns des autres : ainsi cette longue ligne blanche que l'on voit sur le plan est un banc interrompu en deux endroits, afin de laisser un passage. Le respect

---

(1) Voyez planches VIII et IX de ce volume.
(2) Voyez tome II, planche IV et planche XIII de ce volume.
(3) Voyez planche X de ce volume.
(4) Comme on le fait encore à Naples.
(5) J'ai déjà fait connaitre, tome II, page 81, que l'aquéduc se trouvant placé sur la partie la plus élevée de la ville devait avoir sa prise d'eau à une hauteur plus grande encore, au dessus de la plaine; sa direction indique qu'il partait des montagnes aux pieds desquelles on a retrouvé Stabia.

pour les choses sacrées rendait sans doute cette clôture, à peine élevée de quelques centimètres, suffisante pour mettre le temple et les autels à l'abri des profanations. Il paraît, d'après un passage de Juvénal, que l'autel de la Pudeur n'était pas mieux défendu à Rome (1); mais j'aime à croire que ceux de Pompéi étaient plus respectés. Ce banc présentait un siége aux promeneurs dans une des plus belles expositions de la ville. Peut-être l'espace compris entre lui et les portiques servait-il de Péridrome (2) ou stade destiné aux exercices gymnastiques, dans le temps où les mœurs grecques existaient encore dans cette partie de la Campanie.

8 Escalier qui descendait de l'Hécatonstylon à la partie de la ville située au-dessous, sur le bord de la mer. L'escalier semblable 9 qui descend au camp des soldats est encore parfaitement conservé. Il ne reste plus de celui indiqué sous le N° 8 que quelques arrachements de constructions, mais MM. Lavéga frères, qui ont dirigé les fouilles presque dès leur origine, ont vu les ruines de cet escalier et l'ont indiqué dans le plan général qu'ils ont levé et qui est déposé aux archives du musée des Studii à Naples. J'ai connu le dernier de ces artistes distingués; il est mort, dans un âge fort avancé, et pour ainsi dire à Pompéi. Je crois avoir élevé, le premier, un faible monument de reconnaissance à la mémoire de ces hommes instruits et laborieux, en insérant leurs noms dans cet ouvrage, en tête de tous ceux qui ont concouru aux découvertes précieuses dont je publie les résultats (3).

10 Galerie du portique; il n'y a que les neuf dernières colonnes de l'extrémité dont on ne retrouve pas les fûts. 11 Autre galerie du portique; toute la partie marquée en gris manquait lorsque j'ai levé le plan pour la première fois. Comme cet endroit avait été fouillé depuis un grand nombre d'années, les colonnes déplacées ou brisées n'existaient plus; mais en 1812 on acheva d'enlever les terres de la plate-forme, et l'on retrouva toutes celles qui de ce côté sont teintées en noir. Ce portique, comme le précédent, fut renversé par les tremblements de terre lors de l'éruption de 79, et il écrasa dans sa chute les prêtres du temple d'Isis, qui s'y étaient réfugiés. Leurs squelettes y ont été rencontrés dans les fouilles de 1812, et l'on a retrouvé autour d'eux des vases d'argent, un sistre, et quelques ornements en feuilles d'or, faisant partie de la parure de la Déesse; on sait que la statue d'Isis était toujours revêtue d'une robe précieuse (4), et c'est sans doute à quelque vêtement semblable qu'appartenaient ces petits objets.

12 Hemicycle ou banc circulaire : il indique, ainsi que la banquette 13, que ce lieu était fréquenté comme promenade. On ne pouvait, en effet, choisir une plus heureuse situation pour prendre un agréable exercice au milieu des plus magnifiques aspects. Rien n'égale la beauté du tableau que l'œil embrasse du haut de la longue terrasse qui termine l'hécatonstylon : au-delà d'une plaine couverte de champs de coton, de vignes, de peupliers, et arrosée par le Sarno, qui reçoit le tribut de mille petits canaux d'irrigation, s'élève une chaine de monts escarpés, dont les uns

---

(1) Juven. sat. VI, v. 308.
(2) Περίδρομος, c'est, à proprement parler, une galerie comprise entre un mur et des colonnes. Vitruve, lib. V. cap. XI, dit que les Grecs appelaient *Péridrome* un espace découvert à côté du portique, semblable à ce que les Romains nommaient Xyste, et où les lutteurs s'exerçaient lorsque le temps était serein.
(3) L'ingénieur qui dirigeait les fouilles de Pompéi avant MM. Lavéga était le même officier espagnol qui fit mettre pêle-mêle dans un panier les lettres en bronze de l'inscription placée sur l'entrée du théâtre d'Herculanum, et qui les envoya ensuite en cet état à l'Académie, sans avoir pris la précaution de dessiner cette inscription, qu'on n'a jamais pu rétablir. Cet ingénieur faisait recouvrir les monuments de Pompéi après en avoir enlevé les objets précieux. MM. Lavéga eurent l'idée de déblayer entièrement la ville, et c'est à cette pensée heureuse que l'on doit de pouvoir jouir aujourd'hui de l'ensemble de ces ruines intéressantes.
(4) Petron. Satyric. cap. V.

EXPLICATION DES PLANCHES.

se perdent dans l'azur d'un lointain vaporeux, tandis que les autres, plus rapprochés, laissent apercevoir les riches cultures, les habitations nombreuses, les antiques châteaux, dont leurs penchants sont couverts, et les vieilles forêts qui couronnent de loin en loin leurs cimes déchirées par des éruptions volcaniques, dont l'époque se perd dans la nuit des temps. La mer, bleue comme le ciel sans nuages qu'elle reflète, baigne le pied de ces montagnes et se développe ensuite dans toute son imposante immensité. Souvent sa surface est sillonnée par des barques légères, que la blancheur de leurs voiles fait briller comme des troupes de cygnes sur la couleur sombre des flots. A l'orient, la vue, après s'être reposée un instant sur les ruines des portiques et du théâtre, est arrêtée par des forêts de peupliers, où la vigne grimpe, s'élance et porte ses fruits délicieux à une telle hauteur, qu'il faut quelquefois toute la hardiesse de l'homme pour les aller cueillir (1). Sous l'ombre des peupliers et des pampres touffus qui, en s'élançant d'arbre en arbre, parent la campagne de guirlandes verdoyantes comme pour un jour de fête, croissent de belles moissons incessamment renouvelées, sans que la terre puisse être épuisée par toutes ces cultures qu'on lui impose à la fois. A l'occident, l'on aperçoit la ville de la *Torre* (2), élevée sur les laves du rivage, et qui avec ses terrasses, ses dômes et ses palmiers, ressemble à une ville orientale; enfin, vers le nord on découvre le Vésuve dans toute sa désolation, couronné de fumée, sillonné par le feu, couvert de scories, de cendres et de bruyères. Combien de fois dans ce site admirable n'ai-je pas regretté de ne savoir manier ni le pinceau ni la lyre, lorsque assis sur les débris du vieux temple je contemplais autour de moi la vaste mer, de hautes montagnes, des paysages riants et variés, un volcan et des ruines; enfin, tout ce qui peut faire naître de profondes pensées, prêter de grandes images, de brillantes couleurs au peintre et au poète; inspirer des tableaux comme ceux de Claude et de Poussin, ou des chants sublimes tels que Virgile et le Tasse en firent entendre aux mêmes lieux.

14 Le milieu de l'hécatonstylon était occupé par le plus grand et le plus ancien des temples de Pompéi. Il ne pouvait guère être dédié qu'à Jupiter ou à Neptune; car ces dieux reçurent les premiers hommages de ces colonies grecques qui, loin de la patrie, cherchant des terres nouvelles, s'aventuraient dans de frêles navires, en invoquant le dieu des mers, et les yeux fixés vers les cieux, où résidaient pour elles les astres conducteurs, les vents propices et le maître des destinées. Les divinités secondaires ou locales n'eurent des autels qu'après ces deux grands dieux; ainsi ce n'est pas une conjecture hasardée que de regarder ce temple très-ancien, comme ayant été consacré à l'un d'eux. Je me plais à y voir celui de Neptune : sous ces vieux portiques on pouvait l'adorer au bruit des flots agités, et en contemplant l'immensité de son empire. 15 Petit monument annexé au temple. 16 Autels. 17 Bidental (3) ou monument élevé sur un emplacement consacré par la foudre. On trouvera les détails et l'explication de ces monuments dans le 4me volume, où je traiterai des temples. 18 Entrée latérale du Théâtre. 19 Entrée d'un édifice que l'on voit planche XI. 20 Tour d'échelle, ou isolement

---

(1) Les vignerons qui chez les anciens faisaient la vendange de ces sortes de vignes, stipulaient avec le propriétaire, que s'ils venaient à se tuer en tombant, ce dernier les ferait enterrer à ses frais (Plin. lib. XIV. cap. I.). Les échelles dont ils se servaient étaient semblables à celles qu'on emploie aujourd'hui à Naples, comme plusieurs peintures antiques me l'ont fait connaître.

(2) *Torre de l'Annunciata*. Pendant l'occupation militaire par les Français, les habitants du pays lui donnèrent le nom de *Gioachinopolis*. Elle est située sur des laves et se trouve à l'extrémité d'un ravin qui prend naissance au pied du Vésuve; cette espèce de canal y conduira de nouvelles laves, comme on le craignit un instant en 1810.

(3) J'expliquerai tout ce qui est relatif à ce monument dans le 4e volume de cet ouvrage.

pour recevoir les eaux pluviales de l'édifice voisin du portique et les conduire ensuite vers la mer. 21 Emplacement du port qui devait se trouver à 30 ou 32 pieds, environ, plus bas que le sol de la terrasse.

La planche X renferme tous les détails du portique formant l'hécatonstylon.

La figure 1 donne l'ensemble de l'ordre vers l'entrée. Les entre-colonnements, assez espacés pour que la circulation fût facile, sont néanmoins d'un rapport heureux qui réunit la grace à la fermeté. On voit dans la figure 11 le détail de l'ordre, son appareil et le chapiteau développés sur une plus grande échelle. La petite ligne foncée qui borde la coupe du chapiteau, indique le stuc dont la pierre est revêtue. Celle-ci, probablement destinée, dans l'origine, à ne recevoir aucun revêtement, présente une variante dans les filets des annelets. La colonne que je donne ici, recevait un tuyau de conduite et servait ainsi à former une fontaine aussi simple de composition qu'elle était agréable d'effet. La figure 3 représente l'entablement, qui offre des particularités assez remarquables, telles que le refouillement des moulures pour les faire ressortir davantage, et les deux faces de l'architrave dont l'inférieure est plus large que la supérieure; ces deux particularités que j'ai déja fait observer dans l'entablement du propylée semblent indiquer que le propylée et l'hécatonstylon sont du même auteur. Les parties entaillées pour recevoir la charpente révèlent qu'elle était formée par de simples chevrons portant d'un bout dans le mur et de l'autre sur l'entablement; cet ajustement était loin d'offrir aucune garantie de solidité, aussi lors des tremblements de terre de l'an 79, les colonnades furent-elles renversées en dehors par la poussée des chevrons, comme il m'a été facile de m'en convaincre lors des fouilles de 1812, en retrouvant toutes les tuiles du toit entre le banc 7 et les colonnes. L'entaille que l'on voit dans la coupe de l'entablement était destinée à recevoir un coin de bois pour serrer les blocs de pierre et les lier ensemble. Ce procédé qui tend à établir une poussée latérale, lorsque l'appareil n'en donnait aucune, est loin de devoir être imité.

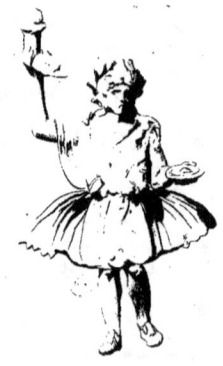

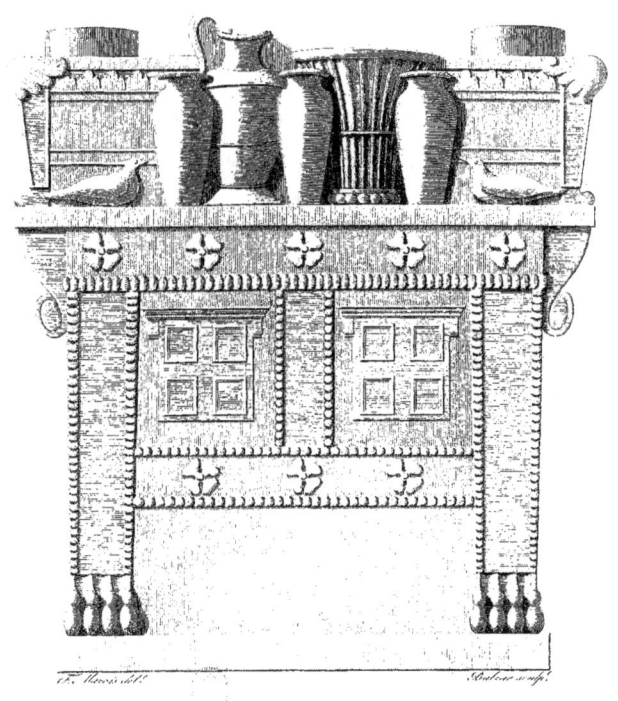

EN TERRE CUITE.

Appelé, par une perte que tous les amis des arts ont profondément sentie, à continuer le travail qu'avait commencé d'une manière si distinguée l'artiste auquel je succède, je remplirai cette tâche difficile, non pas avec le même talent, mais avec tout le zèle dont je me sens capable. La grande érudition, la finesse d'esprit, qui distinguaient l'auteur de cet ouvrage, lui avaient acquis une réputation méritée et la confiance d'un public éclairé. Ce n'est donc qu'en suivant scrupuleusement la marche qu'il a tracée, en interprétant fidèlement les notes et les dessins qu'il nous a légués, que je crois pouvoir en même temps servir les intérêts des nombreux souscripteurs et remplir les devoirs que je me suis imposés en acceptant ce travail.

Les deux premiers volumes publiés par feu M. Mazois traitent, l'un des *Monuments funèbres*, l'autre des *Habitations particulières*. Cette troisième partie, dont les trois premières livraisons ont paru, contiendra les monuments de Pompéi que l'on pourrait appeler *municipaux*, c'est-à-dire, ceux qui n'appartiennent ni à la religion, ni aux spectacles (1). Ces édifices n'ayant entre eux aucune ressemblance, ni ce caractère distinct ou cette disposition exclusive qu'offrent les tombeaux, les habitations ou les temples, il ne sera pas toujours facile d'en découvrir la destination ou d'en indiquer l'usage. Il n'est personne qui ne sente cette difficulté. C'est par cette sorte de monuments que je débute dans cet important travail : mon espoir est d'être secondé par les lumières des hommes savants et soutenu par l'indulgence des lecteurs (2).

(1) Voyez l'Introduction de ce volume, où l'auteur a développé les motifs qui l'ont déterminé à suivre un ordre méthodique dans la publication des antiquités de Pompéi. Mazois paraît avoir senti lui-même les difficultés de cette marche, que je ne crois cependant pas devoir interrompre; seulement nous nous proposons de faire paraître, alternativement avec le troisième volume, les livraisons qui composeront la 4ᵉ et dernière partie de cet ouvrage, comprenant les temples et les théâtres. Une suite de planches coloriées y sera jointe comme supplément.

(2) M. le comte de Clarac, conservateur des monuments grecs et romains du Musée royal, connu par ses travaux scientifiques et par une Notice sur des fouilles qu'il a dirigées à Pompéi, où il fit de nombreuses excursions, a bien voulu joindre quelques notes à cet ouvrage.

NOTICE.

Une courte notice sur feu M. Mazois ne sera pas déplacée dans cet ouvrage; ce sera l'inscription tracée sur le monument qu'il s'éleva lui-même.

François Mazois, né à Lorient, département du Morbihan, le 12 octobre 1783, mourut à Paris le 31 décembre 1826.

Le goût et les premières études de Mazois semblaient le diriger d'abord vers la carrière des armes; mais, à l'âge de 15 ans, à la suite d'une rougeole, il fut affligé d'une surdité qui résista à tous les remèdes, et il renonça à ses premiers projets pour se livrer entièrement à l'architecture, art dans lequel les connaissances préliminaires qu'il avait acquises pour entrer à l'École Polytechnique lui firent faire des progrès rapides.

Admis au nombre des élèves de MM. Percier et Fontaine, il puisa, sous les yeux de ces grands maîtres, les bons principes et le goût qui distinguent si éminemment leur célèbre école. Il perfectionna ensuite ses études sur la terre classique de l'Italie, et s'y acquit la double réputation d'artiste et d'archéologue.

Arrivé à Naples, il y fut chargé de la direction de grands travaux pour l'embellissement de cette capitale, et Mazois sut faire tourner au profit des sciences et des arts les avantages de cette position. Il obtint la faveur que l'Académie de Naples s'était jusqu'alors réservée pour elle seule, d'étudier et de dessiner les précieux monuments de l'antique ville de Pompéi. C'est à son zèle, à son talent, que nous devons la connaissance de ces ruines célèbres et le Recueil que nous avons sous les yeux.

Les restes somptueux de Pestum, ancienne ville des Sybarites, furent également soumis à ses investigations, et nous pouvons espérer que le fruit de ce travail, tout préparé par l'auteur, ne sera pas perdu pour le public. Si tant d'études inspirées par l'intérêt des sciences attestent le zèle et le dévouement de Mazois, un autre travail dont il enrichit la littérature a prouvé son talent et son savoir profond dans la théorie de l'art qu'il professa. Sa description du *Palais* de *Scaurus* est digne de l'immortel ouvrage de Barthélemy, dont on croirait lire la suite. L'érudition profonde s'y cache sous l'agrément d'un style remarquable par son élégante correction, et les préceptes de l'architecture, ordinairement si arides, y sont rendus sous une forme propre à répandre dans toutes les classes de la société l'amour de cet art, si étroitement lié au bien-être de notre existence privée.

Mazois avait employé à ces travaux douze années de sa vie et les derniers débris de sa fortune, lorsqu'il vint se fixer à Paris en 1819. Il avait parcouru les pays étrangers pour agrandir ses connaissances, pour enrichir son pays du fruit de ses études; ses services lui obtinrent d'honorables récompenses. Placé dans le conseil des bâtiments civils par un ministre éclairé, il s'y distingua par son savoir, son goût et son activité. Chargé de travaux importants et poursuivant la publication de divers ouvrages scientifiques, la mort vint le ravir à une famille chérie et à ses nombreux amis, au moment où il espérait jouir du fruit de ses études et de ses longues fatigues.

Le deuil profond des hommes les plus distingués dans les sciences et dans les arts, est le plus bel hommage rendu à son mérite : les ouvrages qu'il nous a laissés garantissent à son nom une gloire durable.

Paris, juin 1827. GAU.

EXPLICATION DES PLANCHES.

PLANCHES XI et XII.

Le monument qui nous occupe ici se trouve placé entre le Propylée et le temple d'Isis. Deux entrées y conduisent ; l'une par la rue du temple d'Isis, l'autre par le portique de l'Hécatonstylon. Le plan, figure I, nous fait voir sa disposition simple, composée d'une cour entourée de portiques sur trois faces et de plusieurs chambres sur un de ses côtés. A en juger d'après la délicatesse de ses détails, le précis de son exécution et le genre de ses matériaux, ce petit monument doit appartenir, comme tous ceux qui font partie de cette ile, à l'époque grecque ou primitive de la ville de Pompéi, époque qu'il serait peut-être plus juste de désigner sous le nom d'étrusque, et à laquelle se rapportent les anciens restes de Tusculum, le temple de Cori, celui de Vesta à Tivoli, ainsi que plusieurs autres. J'aurai plus tard l'occasion d'entrer dans quelques détails pour mieux préciser le caractère de ces monuments qui ont appartenu à une époque de la civilisation antérieure à celle des Romains.

Les opinions sur la destination de cet édifice sont variées ; les uns en font un tribunal, les autres une école ; mais l'opinion la plus généralement reçue et que partage aussi l'auteur de cet ouvrage est que ce monument fut jadis un *marché public*. Voici ce que je trouve dans les notes de feu M. Mazois : « Ce monument, qu'on dit être des écoles, n'a rien qui l'annonce. Je crois « que c'est un marché. Le portique servait aux gens qui venaient de la campagne ou de la marine « vendre leurs fruits ou leurs poissons. Les petites chambres étaient celles du gardien ou de « celui qui présidait à la police du marché. Il y avait des chambres au-dessus de celles-ci, comme « l'indique le trou d'une porte ainsi qu'un fragment d'escalier, et le reste du portique ne portait « que le toit. Dans les colonnes on trouve les traces d'un grand nombre de petits clous qui « ont dû servir à attacher différentes choses. »

Chez les Grecs et les Romains les marchés furent de grandes places d'un carré long, entouré de portiques et de boutiques ; Rome en possédait un grand nombre, qu'on appelait généralement *forum* et dont plusieurs étaient spécialement destinés à la vente de certaines marchandises, comme le marché aux poissons, le marché aux bœufs, le marché aux légumes, etc., etc. Le monument de Pompéi peut bien avoir été un diminutif de ces derniers ; sa distribution permet de le croire ; aussi voyons-nous encore à présent cette même disposition généralement conservée dans les marchés de l'Orient qu'on nomme bazars.

Deux piédestaux profilés dans le goût grec (voy. fig. V) sont placés au devant du portique en face de la porte d'entrée. Six marches en pierre, très-étroites, conduisent au haut du plus grand de ces piédestaux, sur lequel se trouve une entaille carrée de six pouces de profondeur sur vingt-deux de large. L'autre piédestal, au devant de celui-ci, est très-usé à sa surface supérieure par une sorte de frottement, comme si on avait pendant long-temps marché dessus (1). C'est pour cela peut-être qu'on a supposé que des orateurs se plaçaient sur ce piédestal pour prononcer des discours au peuple rassemblé alentour. M. Mazois, dans ses notes, a tenté d'expliquer d'une autre manière la destination de ces piédestaux. Il a pensé que l'un servait d'autel et l'autre à porter la statue d'une divinité. Voici ce que je trouve à ce sujet dans ses manuscrits : « L'autel était celui d'une divinité révérée, il était creux (2) et paraissait destiné à rece-

---

(1) La corniche de ce piédestal a été omise dans la gravure ; elle est de même dans le style grec et se compose d'un large filet, d'un talon et d'une bande.

(2) Je dois faire remarquer ici que le *creux* ne se trouve pas sur l'autel, mais bien, comme je l'ai indiqué plus haut, sur le piédestal que l'auteur suppose avoir porté la statue.

« voir des offrandes plutôt que des sacrifices. La statue était sur le piédestal, et l'escalier
« servait à monter au piédestal pour parer de festons ou de voiles la statue (1). »

Des auteurs anciens, et notamment Pausanias, Maxime de Tyr et Tertullien, font mention de statues de divinités qu'on habillait ou qu'on parait les jours de fête, comme c'est encore l'usage dans nos églises; mais je ne sais pas si dans ce cas on eût choisi l'emplacement où se trouvent les piédestaux, et si on n'eût pas plutôt cherché à placer la divinité révérée dans un endroit plus digne et surtout dans un lieu à couvert. « Les trous, dit encore la note de M. Mazois, qui sont au-
« dessus de la porte de la rue, m'ont fait penser qu'il doit y avoir une entrée décorée de deux
« colonnes. D. Pietro Lavega et D. Pascale pensent qu'il y avait seulement un petit toit au-dessus
« de la porte. » Je suis de l'avis de ces Messieurs, car le peu de largeur du trottoir ne me parait pas permettre l'établissement d'un porche, qui aurait totalement interrompu le passage.

La figure II représente une coupe en élévation sur la largeur du monument. La partie supérieure est restaurée, et l'auteur y a figuré le portique simplement couvert d'un toit. Vitruve (2) dit qu'une terrasse ou galerie régnait au-dessus des portiques des marchés grecs. Cette disposition peut encore avoir existé au-dessus du portique du monument qui nous occupe; mais les restes de l'escalier, indiqués plus haut, et quelques trous de solives qu'on voit dans le mur latéral à la hauteur de l'architrave, ne paraissent pas avoir été des autorités suffisantes, à M. Mazois, pour essayer une restauration dans l'esprit de la disposition qu'indique Vitruve.

Il me reste encore à parler d'une de ces dispositions originales et ingénieuses dont les anciens se plaisaient à faire usage : c'est une des colonnes du portique, la plus voisine de l'entrée, qui a été transformée en fontaine. La figure III indique la conduite du tuyau qui amenait les eaux de dessous terre, jusqu'à trois pieds au-dessus du sol, en débouchant sur le devant de la colonne, par un de ces ornements si usités, et dont on reconnaît encore les trous de scellement. Les dalles autour de cette *colonne-fontaine* sont tellement usées, qu'on peut facilement juger de la grande affluence de ceux qui venaient y chercher de l'eau. Cette affluence prouve encore que l'édifice n'a pu servir ni d'école ni de tribunal, parce que ces destinations n'auraient pu admettre un pareil concours.

Quant au décors de ce monument, je n'ai remarqué que quelques restes de stuc sur les murs et les colonnes. Les assises de ces dernières sont de différentes hauteurs, liées sans mortier par des tenons, dont les mortaises ont près de 4 pouces de diamètre sur 10 de profondeur.

Les matériaux sont les mêmes que ceux du portique ionique du Propylée, et on peut assigner la même époque à cet édifice, à en juger par la finesse du travail et le goût recherché de ses détails.

La figure II, planche XII, fait connaître l'état actuel de cette ruine, dont les colonnes sont pour la plupart encore debout, mais je n'ai pu en retrouver les entablements.

(1) Il est très-possible que cet escalier ait eu la destination que suppose Mazois, mais il est aussi à croire que ce n'est pas la seule, et que les marches n'en seraient pas aussi usées s'il n'avait servi qu'à orner de couronnes et de guirlandes la statue, dont la plinthe a pu être encastrée dans la cavité du piédestal; il est probable que cet escalier servait aux criées qui avaient lieu lorsqu'on mettait quelques objets en vente publique, le *præco* ou l'huissier qui faisait l'*encan*, et vendait *sub hastâ*, montait dessus pour être mieux vu et entendu par la foule. On mettait sur l'autel ou le petit piédestal aux pieds de la statue les objets dont on proclamait la vente; et comme les anciens, surtout dans de petites villes telles que Pompéi, ne faisaient pas de difficultés de charger leurs statues d'une foule de choses et d'accessoires qui y étaient étrangers, il se peut qu'on y appliquât les affiches des ventes, et cette statue, s'il y en avait une, représentait vraisemblablement Mercure, le dieu du commerce. (*Note* du comte de CLARAC.)

(2) Vitruve, liv. V. Chap. I.

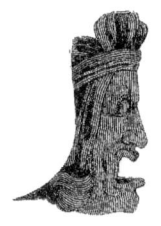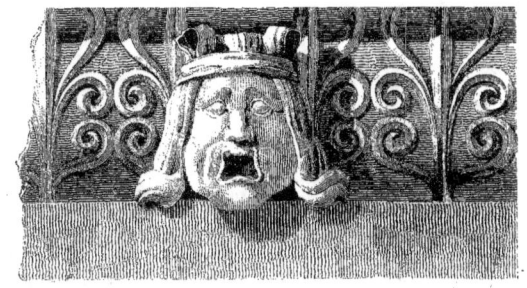

EXPLICATION DES PLANCHES.

PLANCHE XIII.

Presque toutes les rues principales et les grands édifices de Pompéi possédaient quelque ıntaine publique alimentée par des aquéducs. Des conduits en maçonnerie et des tuyaux de lomb distribuaient les eaux dans chaque quartier et même dans des maisons particulières, ɔmme le prouvent plusieurs découvertes nouvellement faites dans cette ville (1).

Nous savons quelle importance les anciens mettaient dans ces sortes de constructions, destinées pourvoir à l'un des premiers besoins de la vie; quels soins minutieux on apportait à leur xécution, et avec quel zèle les premiers magistrats rivalisaient d'honneur pour enrichir leur pays e monuments de cette espèce. Cette émulation si noble devait nécessairement trouver des ɩitateurs dans notre patrie, et grace au zèle ardent de M. de Chabrol, Paris doit bientôt jouir un bienfait dont les plus petites villes de l'Italie étaient pourvues avec prodigalité (2).

La gravure figure 4 représente la vue du carrefour à l'angle du portique du Propylée, dont ɔus avons donné la description page 17. Une de ces fontaines publiques est placée au devant ɩ portique, à la rencontre de trois rues, et se trouve ainsi dans une situation commode pour ɩsage des habitants des maisons environnantes. Le bassin de cette fontaine est formé, comme à ɔrdinaire, de dalles liées entre elles par des agrafes de fer scellées en plomb. Un cippe, qui ɩrmonte le bassin, est orné d'une tête en bas-relief, ou d'un mascaron de la bouche duquel :au jaillissait. (Voy. fig. I.) Feu M. Mazois croyait reconnaître dans cet ornement une tête de ɩune, à cause de ses singulières oreilles et de ses cheveux courts et hérissés; je pense au ɔntraire qu'on a voulu représenter un masque comique, par rapport au voisinage du théâtre, ɩ se trouve placée la fontaine. Du moins il était souvent d'usage chez les anciens de désigner ɩurs fontaines par un nom analogue à l'endroit où elles étaient situées.

Les figures 2 et 3, et celle qui orne la tête de cette page, représentent des parties de chéneau ɩ gouttières, trouvées dans diverses ruines de Pompéi. Le derrière de la corniche qui couronnait difice formait le chéneau pour conduire les eaux du comble, et les mascarons appliqués sur devant de cette corniche servaient à rejeter ces eaux au dehors.

(1) Entre autres la découverte d'une fontaine dans une maison de la grande rue derrière le Forum. Cette fontaine, qu'on pourrait plutôt ɔeler bizarre que belle, par rapport à son décors, se trouve au fond du portique de la cour. Elle a la forme d'une grande niche, ornée de juillages, de verres coloriés et de deux grands masques en marbre. L'eau sortant du milieu de la niche ruisselait sur des gradins de marbre retombant dans un bassin circulaire. Des arbres, des oiseaux et d'autres animaux sont peints à l'entour de cette fontaine qui, par son goût, ıus donne le plus ancien exemple de ce genre de fontaines appelées *rustiques*.

(2) C'est la distribution des eaux de plusieurs canaux dans toutes les maisons de la Capitale.

C'est ainsi que les anciens cachaient sous des formes agréables des parties que nous laissons apparaître dans toute leur nudité, et qui, le plus souvent, défigurent nos édifices. Ce décors, si joli et en même temps si utile, n'exigeait cependant pas de grandes dépenses; ces profils si gracieux et ces têtes d'un dessin de si bon goût étaient faits au moule avec une matière commune : c'était de la terre-cuite revêtue de stuc ou couverte de peinture. Pourquoi ne chercherions-nous pas à faire revivre, du moins dans nos constructions particulières, un usage pratiqué dans ous les temps depuis les Grecs jusqu'au XVe siècle, qui réunit l'économie à la solidité, offre aux sculpteurs un moyen facile d'exercer leur imagination, et aux architectes l'avantage d'orner leurs édifices à peu de frais. L'emploi des terres-cuites dans tous les genres de décors est trop connu pour être rappelé ici en détail.

FORUM.

PLANCHES XIIIbis, XIV et XIVbis.

Nous voici arrivés à la description d'une des plus belles dispositions que l'antiquité nous ait conservées, celle du Forum civil de Pompéi. Nulle part il n'existe un ensemble aussi complet de monuments de tous les genres, et rien ne saurait nous donner une idée plus avantageuse de ce que pouvait être la magnificence des anciens que cette place publique d'une des plus petites villes de province et dont le nom est à peine connu dans les annales de l'histoire. Y a-t-il, en effet, une seule ville moderne, même parmi les principales de l'Europe, qui puisse être comparée à celle-ci, tant sous le rapport du nombre des monuments (toute proportion gardée), que sous celui de leurs richesses?

A peine la sixième partie de la ville est-elle découverte, et déja nous y trouvons 28 édifices publics, sans compter les arcs de triomphe, les monuments honorifiques élevés aux citoyens illustres, et beaucoup d'autres érigés par des particuliers en mémoire de leurs amis défunts; sans compter une foule de constructions moins fastueuses, moins riches, mais non pas moins utiles à la commodité publique, tels que les réservoirs et les fontaines dont tous les carrefours et les rues sont abondamment pourvus. Certes, la différence de nos mœurs avec celles des anciens a dû nécessairement changer nos besoins, et rien n'autoriserait aujourd'hui une réunion aussi nombreuse d'édifices, telle que nous la voyons dans cette place antique; mais si nous ne pouvons reproduire ces grands ensembles si favorables à l'architecture, pourquoi ne profiterions-nous pas de l'exemple des anciens dans l'art de constituer *un tout* et de produire à l'aide d'un seul monument *un ensemble* harmonieux. C'est par des portiques, des murs d'enceintes et autres accessoires dont ils savaient environner, grouper et pyramider leurs édifices, qu'ils produisaient ce mouvement pittoresque qui charme tant nos yeux. Quelle froideur, quelle sécheresse, quel isolement, au contraire, ne voyons-nous pas dans la plupart des édifices, *couleur de pierres*, érigés de nos jours! (1). Rien qui les encadre, rien qui lie graduellement le monument public avec l'édifice particulier, et rien non plus qui indique la séparation du profane avec le sacré.

Les recherches archéologiques qui nous occupent n'ont pas seulement pour but de satisfaire une futile curiosité; elles doivent servir à nous éclairer et à nous guider dans nos propres travaux : on me pardonnera donc si je me suis écarté un moment de mon sujet, et si je m'en écarte encore à l'avenir, dans la seule intention d'établir des parallèles propres à faire sentir la sagesse et l'esprit qui présidaient aux ouvrages des anciens.

(1) Toute règle a son exception, et nous devons la réclamer ici, surtout en faveur de la chapelle expiatoire érigée en mémoire de Louis XVI.

EXPLICATION DES PLANCHES.

Le *forum*, appelé par les Grecs *agora* (1), était un lieu destiné à la vente des denrées, et en même temps le point de réunion où les habitants venaient débattre les grands intérêts publics et traiter leurs affaires particulières.

C'est près du forum que, selon Vitruve, devaient se trouver les *basiliques*, l'*ærarium*, la *curie* et les *prisons*. Il nous apprend encore que pour l'emplacement de ce lieu public on choisissait, de préférence, le port, dans une ville maritime, et, dans une ville de l'intérieur, son point le plus central. Plusieurs passages de l'Odyssée confirment ces anciennes dispositions.

La forme du forum était, d'ordinaire, un carré parfait ou un parallélogramme entouré de portiques, de temples et d'autres édifices publics. Dans l'enceinte de ces portiques on prodiguait, avec goût, les monuments qui intéressaient l'honneur et la gloire du pays : c'étaient des peintures représentant des faits mémorables, des inscriptions historiques, des statues élevées en l'honneur des citoyens illustres. Le peuple, sans cesse attiré dans ces lieux par ses habitudes, par les affaires et par l'attrait des cérémonies publiques, avait perpétuellement sous les yeux tout ce qui pouvait l'exciter à la vertu et ranimer en lui l'amour de la patrie.

C'est aussi dans l'espace entouré par ces colonnades, et destiné à servir de marché, que se célébraient, dans les premiers temps, les jeux publics, tels que combats de gladiateurs, courses et jeux scéniques. Les spectateurs étaient placés sous des portiques, souvent doubles ou à plusieurs étages, et qui toujours étaient vastes et aérés.

Plus tard, lorsque le luxe et la grandeur des empires remplacèrent la simplicité des mœurs républicaines, on consacra des édifices particuliers à chacune de ces destinations. Le marché fut séparé du lieu où siégeaient les juges; les gladiateurs combattaient dans l'arène des amphithéâtres, et ce fut dans de vastes cirques, disposés avec art, que les coursiers se disputèrent et le pas et le prix de la victoire.

Par l'effet de ces changements, les *fora* se distinguèrent en *fora civilia* ou *judiciaria*, lieux d'assemblées pour les délibérations publiques et les affaires judiciaires; et *fora venalia*, où les marchands étalaient leurs denrées. Ces derniers lieux prenaient souvent le nom des objets qui y étaient mis en vente; tels étaient le *forum boarium*, le marché aux bœufs; le *forum piscarium*, le marché aux poissons, etc., etc. Rome possédait quatorze *fora* de cette espèce.

La disposition de ces derniers consistait souvent en une simple place quadrangulaire, entourée de portiques et de boutiques, comme nous en voyons un exemple dans l'édifice représenté planches II, III et IV, édifice autrefois appelé *camp des soldats*, et dans lequel des auteurs plus judicieux ont cru reconnaître, depuis, le *forum nundinarium*, destiné aux marchés qui avaient lieu tous les neuf jours.

Quant à la disposition du *forum civile*, nous le ferons connaître en détail lors de la description de celui de Pompéi, qui paraît appartenir uniquement à cette dernière classe. Mais avant de nous occuper de cette description, nous croyons utile de la faire précéder de quelques notions historiques puisées dans les auteurs anciens.

Dans les gouvernements modernes où un trop petit nombre d'individus participent et assistent aux délibérations publiques, peu d'édifices sont nécessaires pour les réunir. D'une autre part, chaque ordre d'affaires étant dévolu à une classe spéciale de fonctionnaires, il n'y a pas d'inconvénient à éloigner, les uns des autres, les divers locaux où ils se rassemblent. Il en était autrement chez les anciens, où chaque membre de la cité avait à exercer des droits de différente nature; où le culte religieux se liait intimement à la politique de l'État; où les lois étaient

---

(1) Voy. le Dictionnaire d'architecture, par M. Quatremère de Quincy, ouvrage excellent où se trouvent réunis l'érudition, la concision et le goût éclairé dont le savant auteur a donné tant de preuves; ouvrage qui mériterait d'être plus connu du public, et surtout plus étudié par nos jeunes architectes.

faites par tous; les magistrats, nommés par tous; les grands jugements, prononcés par tous; et où la parole du consul, comme celle du tribun, s'adressait, complaisante ou menaçante, au plus obscur de même comme au plus puissant des citoyens. Aussi, chercherions-nous en vain dans nos mœurs et nos usages, la destination des édifices multipliés que nous voyons groupés autour du forum de Pompéi. L'histoire nous ouvre ses archives précieuses pour les expliquer; mais il est difficile d'y puiser des indications certaines lorsqu'il faut les appliquer à des murs qui s'écroulent, à des débris de construction informes, à des enceintes muettes à peine tracées par quelques restes de portique dont les colonnes sont tronquées. Rien ne le prouve mieux que les travaux des savants les plus recommandables, qui jusqu'ici n'ont pu s'accorder, même une seule fois, dans la moindre de leurs conjectures. Sans espérer plus de succès, nous imiterons, du moins, leur persévérance, en essayant, à notre tour, de parvenir à la découverte consciencieuse de la vérité. L'étude des lois et des coutumes romaines, dans leur application à notre sujet, est, à notre avis, la seule voie que l'on puisse suivre sûrement.

Pompéi était ville municipe, et ses habitants, appelés *municipes*, jouissaient des prérogatives de citoyens romains. Sous Auguste, elle devint tout à fait colonie romaine.

L'administration des villes municipes se réglait d'après leurs propres lois ou coutumes; celle des colonies suivait les lois romaines. Les principaux magistrats étaient appelés *duumviri* : les années se comptaient d'après eux, comme à Rome d'après les consuls. Les sénateurs portaient le titre de *decuriones*. Les dignités les plus rapprochées d'eux, dans l'ordre hiérarchique, étaient celles du préteur, du censeur, de l'édile, du questeur préposé à la gestion des revenus publics; enfin, des autres magistrats d'un rang inférieur, ayant des attributions secondaires.

A Rome, qui peut seule nous servir de guide, toutes les affaires d'État se traitaient en public, de même que tous les jugements se rendaient en présence du peuple, d'abord en plein air, et plus tard dans des édifices construits pour ce but. Ces réunions, appelées *comitia*, étaient de trois sortes :

1° Les comices par *curies*, usitées dans les premiers temps, étaient présidées par le roi ou les consuls, et se tenaient dans une partie du forum appelée *comitium*. Le peuple, divisé en curies, décidait, par ses suffrages, du sort de toutes les affaires.

2° Les comices par *centuries* furent établies plus tard par Servius Tullius, sixième roi de Rome. Les citoyens, divisés par classes selon leur fortune, y donnaient leurs votes pour créer des magistrats, faire des lois, ou porter des jugements. Ces assemblées, présidées par les consuls ou les préteurs, se tenaient ordinairement au Champ-de-Mars.

3° Les comices par *tribus*, où le peuple émettait son vote, divisé par tribus à raison du quartier que chacun habitait. Le lieu de réunion était ordinairement le Champ-de-Mars lorsqu'il s'agissait de la nomination des magistrats supérieurs, mais, dans les autres cas, c'était le plus souvent au forum qu'on se réunissait.

Ces assemblées ne pouvaient avoir lieu ni avant ni après le coucher du soleil; elles se tenaient, comme nous venons de le voir, en plein air, et ce n'est qu'en l'année de Rome 536, année de l'invasion d'Annibal en Italie, que le lieu des comices à Rome fut couvert pour la première fois. On l'embellit ensuite de colonnes, de statues et de peintures, et on le nomma *comitium*, ainsi que l'assemblée elle-même. Chaque tribu ou centurie y avait une place distincte, et à mesure que le héraut l'appelait, elle se rendait dans une enceinte rapprochée du tribunal consulaire, et entourée de planches ou de cordes. Là, en passant par un espace étroit et élevé, chaque citoyen déposait son bulletin dans une urne disposée pour le recevoir. Cicéron proposa de bâtir ces clôtures en marbre; mais ce projet ne fut exécuté que plus tard par Agrippa.

Le sénat s'assemblait indistinctement dans différents lieux, et même dans les temples principaux, quand il s'agissait de rendre ses délibérations plus solennelles. Les sénateurs y étaient assis, suivant leurs dignités, sur des siéges séparés et distincts. Les chaises curules étaient réservées pour les consuls, et des siéges plus étroits pour les tribuns.

Avant d'entrer dans le lieu de l'assemblée, le magistrat qui la présidait offrait un sacrifice et prenait les auspices; chaque sénateur même, avant de prendre place, avait coutume d'offrir sur l'autel, de l'encens ou du vin. Aussi, tous ces lieux de réunion étaient-ils consacrés par les augures, et le plus souvent ornés d'une chapelle pour la célébration des rites.

Ces mêmes édifices servaient aussi, pour la plupart, à y rendre la justice. Le préteur, ou le juge, y siégeait sur un tribunal où était placé le siége curule; une épée et une lance étaient dressées devant lui. Ce tribunal était en bois, et transportable pour le cas où les jugements avaient lieu en plein air, soit au forum, soit sous les portiques; son étendue était suffisante pour y placer les assesseurs ou conseillers, et d'autres officiers. L'accusé, couvert de mauvais vêtements, se tenait au pied du tribunal, entouré des témoins et de ses défenseurs.

Le juge prêtait d'abord serment à l'autel, et s'engageait à rendre la justice conformément à la loi. Les plaidoiries achevées, le préteur et les assesseurs se levaient pour conférer entre eux, ou se retiraient dans une salle attenante (1).

En suivant ainsi l'histoire des mœurs et coutumes judiciaires, on voit que dans les premiers temps les rois jugeaient les procès avec l'assistance d'un conseil, et que plus tard ils furent remplacés par le sénat, par les préteurs et par d'autres magistrats nommés à cet effet; mais le droit d'appel au peuple subsistait toujours. Les tribunaux permanents n'eurent lieu qu'après la destruction de la république, lorsque la dégradation toujours croissante du caractère national ayant entièrement effacé les anciennes vertus, exigeait les moyens de répression les plus efficaces. Nous ne prétendons pas que tous ces usages doivent s'appliquer complétement à Pompéi. Dès que cette ville fut réduite à la condition de simple colonie, elle perdit, sans doute, le droit de se donner des lois et de nommer ses plus hauts magistrats. Mais elle conserva toujours, ainsi que l'attestent plusieurs inscriptions, la faculté d'élire à certaines dignités qui n'intéressaient en rien la politique générale, et qui n'en étaient pas moins briguées avec empressement par les principaux citoyens. Il est probable que, devenue sujette de Rome, elle adopta alors son mode d'élection, qui, du reste, est, à peu de chose près, celui qui fut employé dans tous les temps et dans tous les pays.

Guidés par cet exposé préliminaire, il nous deviendra plus facile, après avoir examiné les dispositions générales du forum, de reconnaître la destination primitive de chacun de ses édifices.

Les dispositions particulières aux fora chez les Égyptiens et les autres peuples de la haute antiquité, nous sont, jusqu'ici, restées inconnues. Il serait même difficile de retrouver parmi les ruines qui nous restent de ce temps, presque fabuleux, ce qui aurait pu appartenir à une pareille destination. Cependant, on peut conjecturer, avec quelque raison, que des emplacements consacrés à cet usage faisaient partie des dépendances de l'habitation du souverain. L'usage de rendre la justice sur la place qui précède la demeure du chef, et d'y rassembler le peuple pour la promulgation des lois, permet d'admettre cette supposition; du moins à l'égard des nations soumises à un gouvernement despotique où l'habitation du chef était le sanctuaire autour du-

(1) Pour empêcher les orateurs de prolonger trop long-temps leurs discussions, une loi de Pompéi, imitée des Grecs, n'accordait aux avocats qu'un temps limité; ce temps était indiqué par une espèce d'horloge d'eau, appelée *clepsydre*. Sous les empereurs, les avocats payaient ordinairement des individus qui les suivaient de tribunaux en tribunaux pour les applaudir pendant qu'ils plaidaient, d'après le signal d'un chef qui se tenait au milieu d'eux. Lorsqu'un client avait gagné sa cause, il avait coutume d'attacher une guirlande de palmes vertes à la porte de son avocat.

quel tout se groupait. Chez les nations indépendantes, au contraire, c'était le temple, c'était la maison de Dieu qui présidait aux assemblées publiques, qui dominait la place où se traitaient les intérêts généraux. La diversité des mœurs des peuples a dû nécessairement donner à ces lieux un caractère et des dispositions différentes.

Mais pour sortir de ces hypothèses et nous rattacher seulement aux notions positives, éparses dans les auteurs anciens, il faut se reporter aux temps historiques. Homère, en parlant des positions qu'avaient les marchés, confirme les différentes destinations que leur donne Vitruve. Il dit que le marché de l'île de Scherie était entouré d'un mur construit en pierres de taille, et qu'on y voyait un temple de Neptune.

Athènes eut deux marchés ou *agora* principaux; l'ancien était situé dans la Céramique, et le nouveau occupait la partie de la ville appelée *Eretria*. Dans le premier se rassemblaient les cinq cents citoyens qui formaient le conseil des anciens. Cet édifice était orné d'une multitude de statues et de peintures.

Dans l'*agora* de la ville de Sparte se trouvaient renfermés, outre les bâtiments des assemblées, les principaux temples des divinités de la république.

Rome ne posséda pendant long-temps qu'un seul forum, et Cicéron, dans une lettre à Atticus, nous apprend qu'il fut restauré par Paul Emile (1).

Jules-César en construisit un autre, et y dédia un temple à Vénus. Auguste en fit bâtir un troisième, et Alexandre Sévère orna de statues colossales des empereurs ses prédécesseurs, celui que Domitien avait commencé et que Nerva avait achevé. Le *forum Trajani*, construit par Trajan et Antonin, fut, de tous ceux de Rome, le plus riche et le plus beau sous le rapport de l'ordonnance architecturale, du goût et de l'exécution. C'était un chef-d'œuvre de formes romaines conçues dans l'esprit et le sentiment de l'art grec. Il nous en reste, comme preuve, la magnifique colonne du même nom, une partie de la disposition de la basilique, et quantité de détails d'architecture et de sculptures d'un goût exquis.

Nous allons maintenant examiner brièvement la forme de ces places d'après les différents restes antiques que le temps nous a conservés. Vitruve nous apprend que les *fora* grecs étaient carrés; mais l'ancien usage, en Italie, de donner sur le forum des jeux de gladiateurs, exigeait une forme oblongue, entourée de portiques plus vastes, pourvue de boutiques au rez-de-chaussée, et de loges au premier étage. Ainsi, comme le dit un auteur moderne, à Rome comme en Grèce, le forum, d'abord lieu central et de réunion pour les habitants que les besoins de la vie rassemblaient, devint, avec le développement des arts, du luxe et de la population, un monument plus ou moins spacieux, ou, pour mieux dire, un ensemble de toutes sortes d'édifices qui, par leurs usages ou leur destination, avaient plus ou moins de rapport avec le commerce, avec les affaires publiques ou privées, et avec les jeux et réjouissances qui y étaient mêlés. Trop peu de notions, et des notions trop incertaines, nous restent des fora grecs, pour reconnaître si ces données leur sont applicables; et quant à ceux de l'Italie, nous sommes forcés de nous contenter de citer quelques ruines presque aussi incomplètes. Parmi les plus anciennes, nous placerons celles de l'antique ville de Præneste, restaurées par M. Huyot, membre de l'Institut. Le forum de cette

---

(1) Voici un extrait de cette lettre, curieuse sous plus d'un rapport : « ...... Emilius Paullus a presque entièrement entouré, avec les « anciennes colonnes, la basilique qui se trouve au milieu du forum : celle qu'il fait ériger à ses propres frais sera un édifice de toute « magnificence. Rien de plus populaire que ce monument, et en même temps de plus glorieux. Les amis de César ne peuvent donc regar- « der que comme une bagatelle les soixante millions de sesterces (12 millions de francs) que coûteront les maisons à démolir pour l'agran- « dissement du forum, qui s'étendra désormais jusqu'à la colonnade du temple de la Liberté, projet que vous-même approuviez toujours « si chaudement. Ce sera un ouvrage on ne peut plus glorieux. Nous ferons aussi dans le Champ-de-Mars, pour les comices par tribus, « des *septa* tout de marbre, qui seront entourés d'un portique grandiose d'un mille d'étendue. Nous adjoindrons à cet édifice une métairie « publique (Villa publica). » Lettres de Cic. à Atticus. Liv. 4.

EXPLICATION DES PLANCHES. 33

ville était situé dans l'espace qui s'étend entre la voie publique et le pied du temple si célèbre de la Fortune. Sa position occupait deux niveaux différents, par rapport à la pente du sol, et ces portiques étaient ornés de nombreuses statues. On y voyait aussi deux basiliques et plusieurs temples, dont le principal s'élevait au sommet de la ville sur une étendue immense.

L'architecture de ce forum se composait de colonnes doriques, cannelées à vive arête et sans base; la frise des entablements était ornée de triglyphes et de rosaces dans le style de ceux que l'on voit au sarcophage de Scipion, et par conséquent dans celui des plus anciens monuments de l'Italie.

On veut reconnaître aussi les restes d'un forum dans les portiques découverts à Priène, et dans les ruines plus considérables de Gabï. Celles-ci forment une place oblongue entourée de portiques doriques sur trois faces. On y a trouvé beaucoup de statues, de bustes et d'inscriptions. Les noms donnés par les savants aux diverses parties de ces ruines ne sont que des conjectures. Un seul édifice, celui qui occupe le milieu du portique du fond, peut être considéré avec assez de vraisemblance, par rapport à sa forme et sa position, pour celui de la Curie.

Les restes des différents fora de Rome ne nous apprennent presque rien de plus sur l'ensemble de leurs dispositions; ils n'offrent que des détails partiels qu'il est même difficile de reconstituer à l'aide des historiens du temps (1).

Les fouilles faites à Herculanum, au commencement du dix-huitième siècle, laissent à peu près les mêmes regrets, par suite de la négligence avec laquelle elles furent dirigées, et de l'oubli impardonnable d'en faire dresser des plans exacts. Un ouvrage, publié en 1754 (2), contient un plan sans mesures, et qui ressemble plutôt à un croquis qu'à un dessin géométrique; c'est le seul document qui nous retrace la forme d'une place, regardée généralement pour être le forum de cette ville antique. Voici à peu près sa disposition d'après la description qu'en a faite Romanelli :

« Ce forum d'un carré long, de 228 pieds d'étendue, avait un portique d'entrée de cinq arcades. Les trois autres côtés étaient décorés d'une galerie de 42 colonnes. On y voyait des restes du pavé en dalles de marbre de diverses couleurs. Dans une petite cellule (sacello) de la galerie du fond fut trouvée la statue en marbre de Vespasien et deux autres statues sans têtes. Des statues en bronze d'Auguste, de Germanicus, de Néron-Druse, de Claude, d'Antoine, furent trouvées dans les niches latérales. Une quantité de bustes en bronze et en marbre étaient disposés sous ces portiques et forment maintenant l'ornement du musée de Naples. Contiguë au forum s'étendait une basilique, que d'autres ont prise pour un chalcidique pareillement ornée de colonnes, de marbres et de peintures. L'inscription du frontispice indique que cet édifice fut érigé par M. Nonius.

M. Nonius. M. F. Balbus
Basilicam Portas Murum
Pecunia sua.

« Aux deux côtés opposés de la place on découvrit deux temples assez vastes. Les murs latéraux de l'un de ces édifices donnaient entrée dans deux salles contenant un grand nombre d'ustensiles de sacrifice. Toutes les deux étaient voûtées et les murs intérieurs pareillement décorés de colonnes et de peintures. »

Cette description, loin de satisfaire notre juste curiosité, est plutôt faite pour augmenter nos regrets de ce que des ruines si précieuses n'aient pas été dessinées, dans le temps, par un architecte expérimenté. Ces ruines, qui furent recouvertes après en avoir enlevé les objets pré-

---

(1) Voir le beau travail sur le forum romain par A. Caristie, architecte, ancien pensionnaire de l'Académie; et celui de Luigi Canina, Pianta Topografica di Roma antica, 1830.
(2) Observations sur les antiquités d'Herculanum, par Cochin, peintre, et Bélicard, architecte, 1754.

cieux, étaient dans un état assez complet de conservation lors de leur découverte, pourvues de toitures, d'inscriptions et d'ameublements, toutes choses qui nous manquent dans les monuments de Pompéi.

Chez tous les peuples de l'Orient subsistent encore des traditions de ces fora ou marchés publics, mais ils y sont exclusivement destinés à la vente des marchandises. Les assemblées publiques se tiennent, et la justice se rend dans les cours des chefs du pays ou devant leurs habitations (1). C'est dans l'Italie moderne qu'il faut aller chercher des souvenirs plus fidèles des anciens fora. Plusieurs places publiques y ont conservé une disposition analogue, et, autant que la différence des mœurs peut le permettre, des distinctions semblables. L'église catholique s'élève sur les débris du temple païen, et l'hôtel-de-ville occupe la place plus modeste de la curie ou de la basilique. On y vend également les denrées; et aux jours de fête une foule nombreuse y vient assister à des jeux, à des combats de taureaux et à des courses de chevaux.

Les seuls bâtiments de nos pays septentrionaux qui peuvent nous retracer une faible image de cet ancien usage, sont les bourses de commerce. Celle d'Anvers, quoique construite dans le style gothique, me paraît s'approcher le plus par sa disposition et sa physionomie du système antique; sous ce rapport, nous ne parlerons pas ici d'un édifice pareil, plus connu de nos lecteurs français, sur lequel il a fallu mettre une inscription pour le faire reconnaître. Mais les besoins de notre époque diffèrent trop de ceux de l'antiquité pour nous permettre des rapprochements plus sensibles.

Revenons maintenant à l'examen du forum de Pompéi dont l'architecture, dans ses parties anciennes, est semblable à celle de tous les autres édifices de cette ville. C'est toujours la nature même des matériaux employés à la construction qui en a décidé la forme. De là cette physionomie vraie, ce type raisonné et juste, cette convenance de style et cette harmonie non-seulement des parties entre elles, mais des parties avec l'ensemble de l'édifice. De nos jours, au contraire, on veut que le même modèle régisse l'architecture de tous les peuples, sans paraître se souvenir qu'elle doit uniquement chercher ces principes dans les ressources des localités et de la nature du sol. C'est moins de la forme que de l'esprit de l'antiquité qu'il faut se pénétrer pour découvrir la source des impressions grandes et simples qui affectent notre ame à la vue de ses monuments. Voyez à Pompéi quel esprit de nationalité a présidé à l'érection de cette place ! Quelle vaste enceinte embrasse le forum! combien les monuments publics y sont nombreux, et comme le temple les domine avec majesté! C'est que ces monuments étaient élevés pour les besoins, les nobles jouissances, la gloire de tous les citoyens. Le plus humble d'entre eux avait le droit de s'en dire le maître. L'utilité était aussi consultée, mais on ne l'enfermait pas dans nos bornes mesquines; elle grandissait sous l'influence de l'honneur national qui se reflète avec orgueil dans cette magnificence publique, dans ce luxe digne d'un grand peuple.

Ces vastes portiques à double étage, et dont le large entre-colonnement permettait à la multitude d'y assister commodément aux fêtes publiques, ont l'élégance des formes grecques, restaurées postérieurement par des mains moins habiles : travail dont on paraît s'être occupé au moment même de l'éruption; car on voit des chapiteaux et des parties d'entablement, seulement ébauchés, placés de distance en distance dans leur position respective et tout apprêtés pour être élevés sur les fûts.

Les colonnes sont d'ordre dorique, non dans les proportions grecques, mais sveltes et élégantes comme celles des plus anciens monuments de l'Italie. La planche XIV bis, fig. I, en donne l'élévation, et la fig. II les détails. La fig. III représente l'ensemble des deux étages restaurés

---

(1) Le très-ancien usage de traiter des affaires et de tenir conseil *aux portes des villes, sur la voie publique*, comme nous le voyons dans la Bible, s'est conservé en Syrie. C'est ainsi qu'en 1820, j'eus une audience publique du pacha de Saint-Jean-d'Acre.

avec les éléments que nous avons trouvés disposés à cet effet. Les colonnes et l'entablement inférieurs sont en pierre, et la fig. IV fait voir la différence qui existe dans les détails entre les parties anciennes et les nouvelles. Aucune trace n'a été retrouvée de l'entablement de l'ordre supérieur. On remarquera sur cette même planche le soin qu'on avait pris de cacher à la vue les caniveaux disposés autour de la place pour l'écoulement des eaux. Ils sont recouverts de dalles très-larges qui forment en même temps la première marche du portique.

Trois faces du forum sont ainsi entourées de colonnades; la quatrième, où sont placées les entrées principales, est occupée par deux arcs de triomphe flanqués aux deux côtés d'un édifice qui préside, pour ainsi dire, à toute la place. Tous les autres édifices sont rangés, avec plus ou moins de symétrie, à l'entour et en arrière des portiques. En voyant l'espèce de désordre qui règne dans cette disposition, il est facile de reconnaître la construction successive de tous ces monuments et la formation, ou du moins, l'agrandissement du forum aux dépens des quartiers voisins. Cette dernière supposition paraît la plus vraisemblable, à la vue des rues entrecoupées, d'autres totalement interceptées et surtout du manque d'alignement qu'il serait impossible d'expliquer d'une autre manière. Ces défauts prouvent clairement que plusieurs de ces édifices, et entre autres le temple de Vénus, ont existé avant la formation ou avant l'agrandissement du forum. Un autre motif qui nous ferait supposer une origine postérieure, d'une partie de cette place, c'est qu'aucune grande communication, aucune rue principale n'y conduit directement, ni du dehors ni de l'intérieur de la ville, et nous sommes portés à croire que cet agrandissement ne date que de la colonisation romaine qui eut lieu sous Auguste. Le quartier au contraire, où se trouvent les théâtres, nous paraît avoir été le vieux quartier, le noyau principal de l'ancienne cité. En outre, les parties anciennes de l'architecture du temple de Vénus, le temple de Jupiter qui préside la place, et une portion des colonnes du portique, sont grecs et attestent une origine primitive; tous les autres monuments sont d'une construction romaine.

La forme de ce forum est un parallélogramme très-allongé, comme l'exige Vitruve pour les fora romains; il est pavé sur toute la surface en dalles régulières, et entouré, comme nous l'avons dit, d'un portique à deux étages. Des restes de piédestaux, placés dans l'enceinte, et en partie encore revêtus de marbre, portaient anciennement les statues des citoyens élevés au pouvoir ou honorés par leurs vertus; on voit encore seize de ces piédestaux d'une égale dimension, sans compter plusieurs autres destinés à des statues équestres ou à des quadriges.

Six ou sept rues différentes donnent entrée à cette place; une seule y débouche directement en passant sous un arc de triomphe, les autres n'y conduisent qu'à travers les entre-colonnements des portiques. La continuation de la plupart de ces rues est ainsi interceptée pour les voitures et pour les cavaliers. Des traces assez visibles indiquent que toutes ces entrées ont été anciennement fermées par des grilles.

Quatre escaliers, très-étroits et très-roides, placés aux différentes extrémités, conduisent aux galeries supérieures qui entourent la place; mais il est à remarquer que tous ces escaliers, à l'exception d'un seul, avaient leur entrée en dehors de l'enceinte, sans communication visible avec la place ni avec le portique du rez-de-chaussée. Cette galerie supérieure était-elle destinée aux femmes? Ne les aurait-on admises qu'à cette galerie pour assister aux jeux et fêtes qui avaient lieu sur le forum? La recommandation que fait Vitruve de disposer des loges dans ce but au premier étage, et de ménager par là, dit-il, un revenu public, nous autorise à cette supposition d'ailleurs tout-à-fait motivée. Au reste, nous laissons à de plus habiles la solution de cette question, en nous contentant de renvoyer le lecteur à la planche XIIIbis, où l'un desdits escaliers est figuré à gauche du premier plan (1). On y voit la rue interceptée par les portiques du forum, et terminée par une de ces nombreuses fontaines dont la ville était si richement pourvue.

COMICE (COMITIUM). BASILIQUE (BASILICA).
PLANCHES XV, XVI, XVII, XVIII, XIX, XX et XXI.

En entrant au forum par le côté que nous venons d'examiner, nous trouvons, à l'extrémité de la galerie, à gauche, l'édifice désigné communément sous le nom de *Basilique*, et marqué C sur le plan général, planche XIV. Ce qui a donné principalement lieu à cette dénomination, c'est le mot *Basilica*, tracé, avec une pointe, à plusieurs endroits sur les enduits des murs extérieurs de cet édifice. Mais une si faible indication ne doit pas paraître suffisante à l'architecte, dont le premier soin est d'examiner si les dispositions d'un bâtiment répondent à la destination qu'on veut lui assigner.

Les basiliques, dont l'origine est purement grecque, comme l'indique assez l'étymologie du mot, et qui, selon Tite-Live, ne furent connues à Rome qu'après la première guerre de Macédoine, étaient des salles magnifiques et spacieuses, attenantes au forum et destinées à l'administration des affaires publiques et de la justice (3). Ainsi nous les représentent tous les auteurs anciens et, parmi eux, Vitruve, qui en fait une description détaillée, dont voici à peu près la substance (4).

« *Les basiliques seront contiguës au forum et dans l'exposition la plus chaude, afin que, dans l'hiver, les commerçants qui les fréquentent, y ressentent le moins possible les incommodités de la saison.*

« *La largeur ne sera ni moindre d'un tiers, ni au-dessus de la moitié de la longueur, à moins que la localité n'exige d'autres dimensions. Si l'espace a une plus grande longueur, on pratiquera aux extrémités des chalcidiques, comme à la basilique Julia Aquiliana.*

« *Les colonnes de la basilique auront en hauteur la largeur des portiques; et ceux-ci auront un tiers de l'espace du milieu. Les colonnes du haut doivent être plus petites que celles du bas, comme il a été prescrit auparavant.*

---

(1) Le graveur ayant oublié d'indiquer ces escaliers sur le plan général, il faut recourir aux plans particuliers, planche 15, n° 10, et planche 43, lettre P.

(2) Ayant consulté M. Letronne sur l'application du mot *Comitium* à un édifice situé hors de Rome, ce savant distingué m'a envoyé la réponse suivante :

« Il est bien vrai, monsieur et ami, que les *comices* ne se tenaient qu'à Rome, et que le *comitium* était proprement la partie du forum où « étaient les *rostra*. Cependant, le mot *comitium* a été employé par Cornelius Nepos, Vie d'Agésilas, c. 4, pour désigner le lieu où les « éphores de *Sparte* s'assemblaient (.... *est si privatus in* COMITIO *esset* SPARTÆ). Dans un autre endroit (Vie d'Atticus, c. 4), il donne à l'as-« semblée générale des Athéniens le nom de *comitia* (*nam et ad comitia eorum ventitavit*). Ce sont des noms romains appliqués à des choses « grecques, par analogie. Or, ce qu'un Romain a pu faire, un Français peut le faire aussi. Vous pouvez donc, à la rigueur, donner le nom « de Comitium à un édifice de Pompéi, si vous entendez par là le lieu des assemblées pour la nomination des magistrats. »

(3) La première basilique fut construite, à Rome, par P. Cato, l'an de Rome 570. L'édifice de ce nom à Pompéi existait vers l'an 676, comme il paraît résulter d'une des inscriptions, rapportées par M. Bonnucci, et tracées sur les murs extérieurs. La voici :

C. PUMIDIUS DIPILUS HEIC (HIC) FUIT AD NONAS OCTOBREIS.
M. LEPID. Q. CATUL. COS.

(4) Cette description, comme tout le reste de l'ouvrage de Vitruve, a donné lieu à beaucoup d'interprétations. Nous distinguons parmi les diverses versions, l'excellente traduction allemande de A. Rode, dont le texte est toujours clair et raisonné. Quant aux distributions, c'est Daniel Barbaro qui nous paraît les avoir le mieux saisies dans le joli plan qu'il donne de la basilique de Fano, quoique nous n'en approuvons pas toutes les dispositions.

EXPLICATION DES PLANCHES.

« L'appui (*pluteum*) entre les colonnes supérieures et inférieures paraît devoir être pareillement d'un quart moins haut que les colonnes du dessus, afin que ceux qui sont dans les galeries hautes ne puissent être vus par les marchands qui sont en bas. Quant aux architraves, aux *frises* et aux corniches, elles auront les proportions indiquées dans le troisième livre. »

Ainsi ces basiliques étaient de vastes salles, ayant au milieu une nef plus large, entourée de portiques à deux étages; et nous voyons plus loin, par la description que cet architecte donne d'une basilique construite par lui-même, à Fano, que ces salles étaient *couvertes* et éclairées par les côtés. Vitruve ne fait pas mention de la *tribune*, pour les siéges des magistrats, dont ces édifices étaient pourvus, comme nous le savons par d'autres auteurs; il place au contraire le tribunal en dehors de sa basilique de Fano, dans l'intérieur du temple d'Auguste, attenant à celle-ci, afin, dit-il, que ceux qui sont avec les magistrats, ne puissent pas être gênés par les négociants de la basilique. Apparemment que la multiplicité des affaires donna lieu, dans la suite, à ces séparations et fit consacrer des édifices particuliers à ces différents usages. Nous en verrons plus loin un exemple à Pompéi même.

Outre ces récits des auteurs de l'antiquité, il nous reste une tradition non équivoque de ces édifices dans les anciennes basiliques chrétiennes, qui non-seulement en empruntèrent le nom, mais aussi la forme. Ces basiliques ne diffèrent guère, quelquefois, des dispositions prescrites par Vitruve, que par l'absence des galeries supérieures qui n'existent pas dans toutes, et aussi par l'emploi d'un double et souvent d'un triple rang de colonnes aux deux côtés de la nef principale, au lieu de simples bas-côtés à deux étages. Nous voyons par là que les préceptes qu'il donne n'étaient pas toujours rigoureusement appliqués, et l'auteur lui-même ne les a pas tous suivis dans sa propre construction. Il n'est donc pas surprenant que la salle de Pompéi s'en écarte de même, surtout en ce qui concerne les proportions des colonnes du milieu, dont la hauteur doit avoir été égale à la largeur totale de la grande nef, et non au tiers, comme veut la règle. Par cette proportion, et aussi par la disposition des bas-côtés qui entourent la nef principale sur les *quatre* faces, notre édifice acquiert une assez grande ressemblance avec la basilique construite par Vitruve, et c'est peut-être pour cela, aussi, que tous ceux qui ont mentionné cet édifice de Pompéi supposent une galerie supérieure autour de la nef principale (1). Cependant, et malgré la présence des colonnes engagées d'un diamètre inférieur aux autres colonnes, cette galerie n'a pu y exister; et nous sommes portés à croire que cette disposition n'était pas d'une nécessité absolue, quoique Vitruve en parle, une seconde fois, à l'occasion de la distribution des salles égyptiennes. Les basiliques chrétiennes nous en fournissent encore la preuve.

La restauration que Mazois a faite de cet édifice, et que nous donnons planche XVII, nous parait, sous ce rapport, aussi satisfaisante qu'il est possible, à moins qu'on ne veuille supposer que les extrémités des solives de la galerie en question eussent été portées, *en scellement*, par les grandes colonnes, ce qui n'est pas probable. L'édifice aurait été horriblement défiguré par un pareil arrangement, qui est très-mauvais et qu'on peut tout au plus se permettre dans une salle de spectacle, quoique nous voyions un nouvel exemple d'un tel ajustement dans la chambre des députés à Paris. Si les constructeurs de l'édifice de Pompéi avaient voulu y établir une telle galerie, ils auraient pris apparemment le moyen aussi vicieux dont Vitruve lui-même s'est servi, celui d'adosser des piliers aux colonnes de la nef principale pour supporter les solives. Je pense donc que si les partisans de cette galerie avaient voulu se rendre compte de la manière de la construire, ils y auraient peut-être renoncé.

(1) Romanelli, Bonnucci, Hirt, Gell, Donaldson et autres, sont tous de cette opinion. Il en est de même d'un de nos jeunes architectes distingués, M. Callet, ancien pensionnaire de l'Académie à Rome, qui, dans une très-belle restauration du forum de Pompéi, représente la basilique pourvue d'une galerie légère en bois.

Ce n'est pas le seul point sur lequel notre opinion diffère de la leur. Les mêmes auteurs prétendent que la nef du milieu était anciennement à découvert; S. W. Gell seul suppose la voûte surbaissée, le *Testudo* de Vitruve (1). Quoique le texte de cet auteur antique soit positif à ce sujet, et que tous les exemples qui nous restent montrent les basiliques entièrement *couvertes*, la simple présence d'un caniveau, au pourtour du sol intérieur, a suffi pour faire généralement adopter une opinion contraire. Certainement l'existence de ce caniveau (voyez pl. XV et XVII, n° 8) ne peut pas être contestée, et suppose naturellement un écoulement d'eau; mais, d'une autre part, il est difficile d'imaginer qu'un espace aussi peu large que celui de cette nef (10 mètres environ) ait été à découvert. Je regrette vivement de n'avoir pas été à même d'examiner ce caniveau avec assez d'attention pour pouvoir prononcer sur une question aussi importante; mais si l'indication du dessin de Mazois est exacte, ce caniveau a été couvert de dalles et pourvu seulement de regards, de distance en distance, pour recevoir les eaux. Cette disposition particulière, en supposant un bâtiment à découvert, prouverait du moins que ces eaux n'ont pu être abondantes. Enfin je rappellerai encore le passage de Vitruve, qui dit clairement que la toiture du milieu était plus élevée que celle des portiques, ce qui s'accorde parfaitement avec la forme des basiliques chrétiennes parvenues jusqu'à nous.

Je ne dois pas oublier de citer ici l'opinion de feu Mazois, qui, en ce qui concerne cette couverture, est conforme à celle de M. Gell. Malheureusement je n'ai trouvé dans ses papiers qu'une très-courte notice au sujet de cet édifice. La voici :

« *En face de la maison dont il est parlé ci-dessus (la maison de Championet), se trouve une enceinte de colonnes engagées dans un mur, et entre les deux côtés il y en avait d'isolées. Divers indices de bois, de tuiles à couvrir, me font soupçonner qu'il y avait un toit, et que c'était la basilique.* »

Une disposition de notre édifice qui paraît moins s'accorder avec les notions que nous en avons, c'est l'espèce de loge élevée qu'occupe le fond de la salle, et qu'on appelle communément la tribune. (Voy. planche XV, n° 6.) Ce n'est pas la forme carrée de cette construction qui nous surprend, puisque nous savons par d'anciennes médailles que ces espèces de tribunaux n'avaient pas toujours la forme demi-circulaire; mais si c'est là la tribune des magistrats, comme on paraît le vouloir absolument, je demanderai par quel motif elle est masquée non seulement par deux fortes colonnes de la nef, mais encore par une statue colossale dont le piédestal subsiste encore. Ce n'est pas tout : les quatre colonnes de la façade même de cette loge auraient encore caché, en grande partie, les personnes qu'on suppose y avoir été assises pour présider aux affaires publiques ou judiciaires. Si de plus, l'on cherche à se rendre compte de la position respective des juges, des avocats, des parties, des témoins et du public, il sera facile de reconnaître que ce local n'a pu satisfaire aux conditions ni d'un tribunal ni d'une salle de justice. Pour prouver encore mieux l'impossibilité d'une pareille destination, nous citerons le passage suivant de Pline, qui doit convertir les plus incrédules :

« *Une foule extraordinaire formait plusieurs cercles qui environnaient les juges; le tribunal où ils étaient assis en était comme assiégé; les galeries hautes de la basilique étaient encombrées, les unes de femmes, les autres d'hommes, se pressant, ou pour entendre, ce qui n'était pas facile, ou pour voir, ce qui était plus aisé.* » Or, il n'aurait été nullement facile de voir ce qui se passait au tribunal avec les dispositions qui s'y trouvent. On se demande encore par où l'on aurait pu arriver à cette tribune, puisqu'il n'existe nulle part de trace visible d'un escalier pour y conduire. Car le peu de marches indiquées sur notre plan ne servent qu'à descendre dans le souterrain (voy.

---

(1) M. Callet, dans la restauration citée, élève un second étage, avec des entre-colonnements à jour, au-dessus des colonnes de la grande nef, qu'il recouvre d'un plafond. Cette disposition, qui fait porter le toit sur les colonnes isolées, est contraire à la solidité, quoique l'édifice acquière par là assez de ressemblance avec les basiliques chrétiennes.

EXPLICATION DES PLANCHES.

la coupe). L'application d'un escalier mobile, en bois, auquel il faudrait avoir recours pour soutenir cette hypothèse, ne s'accorderait guère avec les autres détails de l'édifice, tous ajustés avec art et d'une manière architecturale. Quoique nous voyions souvent des exemples de ce genre d'escaliers dans les peintures gravées dans le premier volume des Antiquités d'Herculanum, il nous répugne d'en admettre ici l'application (1).

Ainsi, en résumé, l'absence probable d'une galerie supérieure; la supposition, de quelques auteurs, que la nef du milieu a pu être à découvert; et enfin la forme toute particulière de la tribune en question, nous disposent assez à voir ici, avec M. Hirt, non pas une basilique, mais bien le *Comice* (*Comitium*) où le peuple s'assemblait pour la nomination de ses magistrats (2). Si on se rappelle, en effet, ce que nous avons rapporté sur la manière de voter, on reconnaîtra avec nous, dans cette soi-disant tribune, la loge, le passage étroit et élevé, le *pons* ou *ponticulus*, où chaque citoyen allait déposer son vote, en présence du magistrat qui présidait l'assemblée. Les urnes pour recevoir les votes devaient être placées dessus ou dessous les deux ouvertures circulaires pratiquées dans la voûte du souterrain, soit que ce passage existât sous la voûte, par les escaliers qui y conduisent, soit par-dessus en traversant la loge, ce qui me semble tout à fait indifférent. Je pense encore retrouver, dans les espaces formés de chaque côté de la loge par deux colonnes accouplées, les enclos, les *septa*, *ovilia*, dont il a été question précédemment, et où quelques auteurs ont voulu reconnaître les *chalcidiques* de Vitruve (3). Nous ne devons pas omettre de rapporter ici l'opinion des auteurs qui ont voulu reconnaître, dans la pièce voûtée sous la loge, et dont les soupiraux sont grillés en fer, la prison où étaient déposés les accusés pendant le procès; et dans les deux trous pratiqués dans la voûte, les ouvertures pour les interroger. Mais cette question ne saurait soutenir la critique, puisque chacun sait que les accusés étaient interrogés en présence des magistrats et du public, et placés à la vue de tout le monde.

Supposons donc que l'édifice qui nous occupe ne soit pas une basilique, et en effet il n'en remplit entièrement aucune des conditions voulues, de quel autre monument pourrait-on, à sa place, faire une basilique indispensable au forum? Certainement d'aucun, et c'est là, peut-être, la plus grande preuve en faveur de la dénomination généralement adoptée; si toutefois les fouilles qui restent encore à faire sur une immense surface de l'ancienne ville, ne nous font pas découvrir un autre forum, plus complet, au centre de cette cité.

Après avoir exposé ces considérations générales, il nous reste à décrire les détails de cet édifice, l'un des plus considérables de cette place. Sa longueur totale est d'environ 200 pieds sur 78 de large. Il fut découvert et déblayé en 1813, et on trouva sur le sol l'empreinte d'un pavement en marbre qui pourrait encore servir de preuve, si l'on en doutait, que ce bâtiment

---

(1) Il existe, derrière la loge en question, du côté de la rue, un pilier formant avant-corps, de dix-huit pouces, sur la rue. M. Callet, dans sa restauration, s'en est servi pour y adosser un escalier, conduisant du dehors à la loge. Cet architecte aura trouvé sans doute quelque trace convaincante pour motiver une disposition aussi extraordinaire, car jamais nous ne nous serions avisé d'imaginer un pareil moyen, surtout après avoir observé que la rue, qui n'a que *sept* pieds dans sa plus grande largeur, en perdrait la moitié par cet escalier. Du reste, le plan de l'ouvrage de M. Donaldson, savant architecte anglais et auteur de plusieurs ouvrages estimés, indique la continuation du pavage dans cet endroit, ce qui prouve que l'arrangement ingénieux de M. Callet n'a pu exister.

(2) Nous citons ici le passage de l'excellent ouvrage sur l'histoire de l'architecture chez les anciens, de M. Hirt, d'accord avec notre opinion : « Le Comice était un autre édifice faisant partie du forum, et où s'assemblait ordinairement le peuple pour l'élection des magistrats. « Aussi, un espace, entouré de murs et de colonnes, et assez vaste pour contenir les citoyens qui avaient le droit d'élire, *se trouve-t-il atte-*« *nant au forum*. Cet édifice a été appelé la Basilique, mais à tort. Ce bâtiment se trouvait, comme tant d'autres, en état de restauration au « moment de l'éruption, et il est facile de reconnaître que la partie du milieu n'était pas destinée à être couverte : c'était une cour entourée « d'une colonnade à deux étages. Ce qui prouve que ce n'était pas une basilique, c'est l'absence de l'hémicycle formant le tribunal, et qui est « remplacé par une élévation destinée sans doute pour ceux qui dirigeaient les élections, recevaient les votes et dépouillaient le scrutin. Le « *porche de cet édifice, que j'appelle, sans hésitation, le* Comice, *faisait partie du portique du forum.* »

(3) M. Callet y dispose deux grands escaliers pour monter à la galerie supérieure; mais les enduits et peintures des murs ne conservent aucune trace de ces escaliers, qui, d'après notre opinion, n'ont pas plus existé que la galerie à laquelle ils doivent conduire.

était couvert. Isolé sur trois faces par des rues plus ou moins larges, son entrée principale est du côté du forum. Cinq portes y conduisent dans un vestibule qui précède la salle. Les piédestaux adossés aux piliers, et les restes d'une statue en bronze doré, annoncent que cette entrée était richement ornée. L'intérieur devait être décoré avec le même luxe, si l'on en juge par des hermès, des vasques et même des fragments de statues équestres qui y ont été trouvés. Quelques auteurs ont supposé, d'après les feuillures entaillées dans les pieds-droits (pl. XV, n° 4), que les baies de ce vestibule avaient été fermées par des trappes. Il est vrai que le peu de largeur de ces trumeaux n'aurait pas permis le développement des battants des portes ordinaires; mais comme il en reste à peine quelques assises, toute conjecture, à cet égard, sera toujours hasardée. Quant à l'escalier (n° 10) placé à côté de ce vestibule et dont l'entrée ou l'emmarchement est en dehors et sur la rue, il est évidemment du nombre de ceux dont nous avons parlé précédemment, et que nous supposons destinés à conduire aux portiques supérieurs du forum, sans avoir du reste aucune communication avec notre édifice.

Du vestibule on monte quatre marches pour en redescendre une dans l'intérieur de la salle. (Coupe, pl. XVIII.) C'est sans doute cette différence de niveau que l'on a voulu égaliser par le dallage en marbre dont les traces ont été découvertes lors de la fouille; à moins qu'en supposant le milieu de la salle à découvert, on ne veuille voir dans ce rebord un moyen de retenir les eaux pluviales dont l'écoulement s'opérait par les caniveaux existants (n° 8). La présence d'une margelle, *Puteal*, prête encore un appui à cette opinion : elle est justement placée en face d'une des entrées latérales, dans l'entre-colonnement du portique (n° 3), et barre le passage direct de la porte à la grande nef. Ne pourrait-on pas en conclure, si toutefois cette margelle se trouvait anciennement à la même place, que la communication du portique à la nef du milieu n'était pas nécessaire, cette prétendue grande nef n'étant autre chose que l'*Impluvium*, c'est-à-dire une cour découverte entourée, sur les quatre faces, par un portique? Nous exposons cette opinion, toute contraire qu'elle soit à celle que nous avons précédemment émise, pour éclaircir autant que possible la controverse.

La vue de la planche XVI représentant l'état actuel et la restauration de cet édifice, par Mazois, donnera une idée de son aspect grandiose et magnifique. Nul doute que l'ensemble du bâtiment ne répondît dignement au caractère que Vitruve voulait qu'on lui donnât. Les coupes de la planche XVIII, en reproduisant ce qui reste des murs et des colonnes, font connaître, en même temps, l'état et l'ajustement de la prétendue basilique avec le portique du Forum. Du premier étage de ce portique on avait vue sur la salle à travers le vestibule, et de la terrasse du même vestibule on aurait pareillement pu voir ce qui se passait dans l'intérieur de l'édifice. Ce qu'il y a d'intéressant parmi les nombreux détails recueillis dans cette enceinte, a été réuni sur les planches XIX et XX. On y remarquera, surtout, sur la première, la composition gracieuse des profils, dont le sentiment indique une tout autre époque que celle où il faut placer la construction de l'ensemble de l'édifice. Ces profils sont pour la plupart en pierre et recouverts en stuc. Il y en a aussi en marbre, mais leur composition est moins recommandable et date vraisemblablement de l'époque romaine. Parmi les premiers nous rangeons : le profil du soubassement de la loge, fig. I (la base du socle est entièrement détruite); l'entablement du premier ordre de cette même loge, fig. II, en tuf; le gracieux chapiteau et l'entablement du second ordre, fig. III; le profil des pilastres du vestibule, fig. V; les trois corniches, de 9 à 10 pouces de haut, d'une destination inconnue, fig. VI; et le chambranle des portes, fig VII. Les profils du piédestal, fig. IV, appartiennent à la seconde époque.

La planche XX, fig. I, reproduit le joli chapiteau de l'ordre inférieur de la loge et rappelle celui du temple de Tivoli ou l'ancien style italique. Le chapiteau ionique, fig. II, provient des co-

EXPLICATION DES PLANCHES. 41

lonnes engagées, ainsi que la base, fig. III. Les figures IV et V donnent le profil de celles des grandes colonnes, et le système de construction, en briques, de leur fût. Le noyau est en briques circulaires, de 15 lignes d'épaisseur, entouré de briques façonnées dont l'une recouvre alternativement les joints de l'autre; les cannelures sont formées par le stuc. Cet assemblage, dont l'usage est très-fréquent à Pompéi, donne une très-grande solidité aux monuments. Les profils délicats et pleins de goût des enduits des murs intérieurs sont reproduits fig. VI et VII. Nous avons encore recueilli les dessins d'une corniche en marbre, à modillons, d'un fronton richement sculpté et portant 11 pouces 6 lignes de haut. Ce fragment provient sans doute du fronton de la façade principale.

La planche XXI, qui termine la description de cet édifice, donne une idée bien faible, il est vrai, de l'effet du décor en peinture qui y est employé. Les compartiments, légèrement indiqués en relief, sont peints en marbre de différentes couleurs; on y remarque principalement les marbres jaune, vert et rouge. Les soubassements sont noirs et rouges.

Voici quelques-unes des inscriptions rapportées par M. Gell, et tracées par les passants sur les murs extérieurs de cet édifice; les autres sont peu lisibles, et, comme dit le même auteur, ni l'orthographe ni la morale ne gagneraient à ce qu'elles fussent déchiffrées.

Nemo nisi Bulius nisi qui amavit mulierem.

H. Cæsari. tertio Germanico. Cæsare iter.

Non est ex albo Judex patre Ægyptio.

Nous y ajoutons les trois inscriptions suivantes, que Mazois dit, dans une note, avoir trouvées dans la basilique :

```
............ EST
......... RNAMENTA
A S · ET MVNIFICENTIAM · EIVS
ᴗ · SECVNDO · PATRI · ET ·
I · C · OLIOHER · MAE · HER · EDIBUS
MARCIAE · AVGE · ET · RUSTIAE ·
AE · ET · OLIAE · SECUNDAE
M · EX · TESTAMENTO
```

```
                              P · ISTALLIVS · AGATHO
                              MINISTER · D · D
V · POPIDIVS                  IMP · CAESARE · IX
EP · F · Q ·                  M · SILIANO · COS
PORTICVS                      VATVM · PALFENO
FACIENDAS                     P · VINICIO
... OERAVIT                   IVSSV
                              M · POMPONI · MARCELLI
                              L · VALERI · FLACCI · D · V · I · D
```

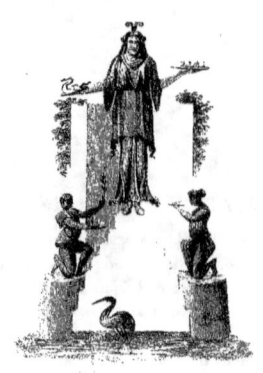

ÉDIFICE D'EUMACHIA.

PLANCHES XXII, XXIII, XXIV, XXV, XXVI et XXVII.

Du côté opposé à l'édifice que nous venons d'examiner, se trouvent les ruines d'un monument plus considérable et marqué E sur le plan général, planche XIV. Diverses parties d'une architrave, rassemblées par le savant architecte napolitain M. Bonnucci, et portant l'inscription suivante, furent découvertes à l'entrée principale donnant sur le forum.

EVMACHIA · L · F · SACERD · PVBL · NOMINE · SVO · ET
M · NVMISTRI · FRONTONIS · FILI · CHALCIDICVM · CRYPTAM · PORTICVS · CONCORDIAE
AVGVSTAE · PIETATI · SVA · PEQVNIA · FECIT · EADEMQVE · DEDICAVIT

Nous voyons par là qu'Eumachia, fille de Lucius, prêtresse publique, en son nom et en celui de son fils, Lucius Fronto, a érigé, de ses propres deniers, le chalcidicum, la crypta et le portique de la Concordia, et les a dédiés au culte d'Auguste.

Cet édifice se composait donc de trois parties principales : du *chalcidicum*, de la *crypta* et du *portique*; et il ne reste qu'à assigner à chacune de ces parties la place qui a pu lui appartenir. A ce sujet, comme en beaucoup d'autres, la plupart des auteurs sont peu d'accord. La signification du mot chalcidicum est la plus contestée de toutes; car, malgré les nombreuses applications de cette dénomination chez les anciens, et malgré les savants commentaires des modernes, nous en ignorons encore la vraie destination.

Homère appelle *chalcidicum* la pièce que traverse la nourrice pour annoncer à Pénélope l'arrivée d'Ulysse; et M. Quatremère de Quincy cite le passage d'un auteur où il est dit : *Je voudrais bien voir vos dieux et vos déesses pêle-mêle dans vos grands chalcidiques et dans ces palais du ciel*. Et plus loin : *Vos dieux font leurs festins dans de grandes salles à manger qui sont aux cieux, et dans des chalcidiques tout d'or*.

Vitruve, dans la description des proportions des basiliques, dit : *Si la longueur du terrain le permet, on pratiquera aux extrémités des chalcidiques*. Ces passages prouvent assez clairement que les chalcidiques n'étaient pas, comme quelques-uns ont voulu le croire, des édifices particuliers, mais bien des parties d'un édifice. Aussi s'accorde-t-on assez généralement à ne voir, dans cette expression, que des salles spacieuses ou de vastes galeries en usage dans la ville dont elles portent le nom; de même que les salles que Vitruve appelle : corinthiennes, égyptiennes, etc., etc.

EXPLICATION DES PLANCHES. 43

Ceux qui, comme Léon Baptiste Alberti et autres, ont placé les chalcidiques à l'extrémité des basiliques en forme d'un T, et qui veulent les reconnaître dans ce qu'on appelle aujourd'hui *croisée* dans les basiliques chrétiennes, ont peut-être oublié que Vitruve, dans le passage précité, ne recommande d'ajouter les chalcidiques que lorsque le terrain a trop de *longueur*, tandis que la partie des croisées, dans nos anciennes églises, n'est qu'une augmentation de *largeur*. Il est d'ailleurs probable que, dans ce cas, la dénomination antique de cette partie de la basilique nous aurait été transmise par tradition, ainsi que tant d'autres qui nous ont été conservées.

Quant à l'application du mot *chalcidique* (1) à l'édifice qui nous occupe, les uns désignent sous ce nom l'édifice entier, d'autres la partie du fond, et d'autres encore, mais avec plus de vraisemblance, veulent que ce soit l'espèce de vestibule donnant sur le forum, et marqué I sur le plan détaillé, planche 22. M. Gell pense que la face sur le forum avait été d'abord composée d'une suite d'arcades surbaissées, qu'on remplaça plus tard, lors de la restauration générale, par le portique dorique actuel. M. Bonnucci, qui a dirigé les fouilles, suppose, au contraire, cette façade composée d'une suite de piliers.

Le *portique* dont parle l'inscription ne peut être que celui qui entoure, sur les quatre faces (voir n° 9), la cour intérieure de l'édifice, et auquel appartenaient les deux bases de colonnes, et le fût, en marbre, qui ont été trouvés encore en place.

Un second portique, ou plutôt une galerie interne, marquée 12 sur le plan détaillé, et éclairée en jour secondaire par des fenêtres ouvertes sur le premier portique, est généralement désigné pour être ce que l'inscription appelle la *Crypta*. L'étymologie du mot, qui désigne un endroit caché, retiré, et non un lieu absolument privé de jour, comme quelques auteurs l'ont expliqué, correspond parfaitement à la disposition et au caractère de cette partie de l'édifice; on pourrait la comparer encore au crypto-portique du Laurentum de Pline, dans lequel, comme ici, des fenêtres mouvantes pouvaient s'ouvrir ou se fermer pour entretenir la fraîcheur ou garantir de l'intempérie de l'air.

Il ne s'élève donc aucune difficulté sur la désignation du portique et de la crypta, mais il n'en est pas de même quant à la destination que peut avoir eue l'ensemble de l'édifice. Pour l'expliquer, on s'est servi d'une autre inscription, tracée sur le piédestal d'une statue découverte dans une niche carrée au fond de la crypte (n° 13 du plan), que nous donnons ici :

EVMACHIAE · L · F
SACERD · PVBL·
FVLLONES.

De là, la dénomination de l'édifice et sa désignation de Collége des Foulons. Par là aussi on rend compte de la destination des réservoirs et de plusieurs pierres (n°ˢ 17 et 18) disposées dans la cour, comme ayant servi aux prêtres du collége pour laver le linge sacré (2).

Après avoir rapporté les différentes opinions sur les diverses parties de ce bel établissement, nous allons passer à la description des détails.

L'édifice se compose d'un grand parallélogramme, contenant, au milieu, une vaste cour entourée d'un double portique, et précédée d'un vestibule décoré de niches. Des traces de ferrements de grilles font soupçonner que ce vestibule était fermé, et que, par conséquent, il interceptait la communication du portique général du forum dont il fait partie (voy. pl. XIV). Cette circonstance confirme ce que nous avons dit sur les diverses origines des parties de ce forum.

(1) Nous regrettons de n'avoir pas été à même de consulter les ouvrages estimés du sig. Becchi sur le Chalcidicum et l'édifice d'Eumachia, et celui du professeur Ciampi sur le même édifice, appelé aussi le Collége des Foulons.
(2) Voir les plans et la description de la maison des Foulons, découverte postérieurement et figurée planche 48 du Museo Borbonico.

En jetant un coup d'œil sur l'ensemble du plan, nous remarquons l'adresse avec laquelle l'architecte a su faire disparaître plusieurs défauts d'équerre assez sensibles, surtout celui de l'entrée principale. Cette entrée est décorée de deux grandes niches semi circulaires, et de deux autres renfoncements carrés, disposés à droite et à gauche, et contenant un soubassement ou piédestal contigu, sur lequel on arrive par un petit escalier pratiqué à côté. On suppose que les orateurs y montaient pour publier, devant le public assemblé sous ce vaste vestibule, des édits commerciaux et autres. Quatre petites niches renfermant des socles qui ont dû porter des statues, décorent les quatre trumeaux entre les niches circulaires.

Cette façade, ainsi que tout le reste de l'édifice, est construite en briques recouvertes d'un enduit, et plaquée anciennement de dalles en marbre dont on reconnaît encore les empreintes et les trous de scellement. On ne peut donc, comme nous l'avons déjà remarqué, élever aucun doute sur l'origine romaine de cet édifice. Le fragment d'un chapiteau-pilastre, trouvé dans la cour et rapporté, pl. 27, dans l'ouvrage du Museo Borbonico, appartient indubitablement à la même époque, ainsi qu'il est encore facile d'en juger par les détails de l'ordre qui décorait le portique intérieur, pl. XXV de notre ouvrage. Tous les autres marbres, colonnes et statues avaient été antérieurement enlevés, et le bâtiment paraissait, ainsi que tout le forum, en état de restauration lors de l'éruption du Vésuve. Un dépôt de ces marbres a été trouvé, lors de l'excavation, dans des réduits formés par le double mur de la façade principale, de même qu'une statue sans tête, près le grand hémicycle au fond de la cour. La belle figure, en marbre, d'Eumachia, dont le piédestal porte l'inscription précitée, fut découverte, en 1820, dans la niche marquée 13, au fond de la crypta; elle est plus grande que nature, d'un beau travail, et conserve dans les plis de la draperie des restes de couleurs rouge et verte.

La statue sans tête dont nous venons de parler, et que M. Becchi appelle la Pietà-Concordia, a sa robe bordée d'un liséré doré et rouge.

Sur le fragment d'un terme, trouvé sous le portique, on lit les inscriptions suivantes :

M · ALLEI · LVCCI · LIBELL	C · NORBANI
M · STLABORI · FRONTON	SORICIS
II · VIR · I · D · QUINQ ·	SECVNDARVM
Q · POMPEI · MACULAT	MAG · PAGI
M · FULMINI · SILVA	AVG · FELICIS
D · V · V · A · S · PP ·	SVBVRBANI
C · CALVSIO · CAV ·	EX · D · D
· COS ·	LOC . . . . . D

Le seuil en marbre de l'entrée principale conserve encore les traces des crapaudines qui portaient les battants des portes. Une entrée secondaire, débouchant directement dans le cryptoportique, se trouve à l'extrémité de l'édifice, marquée 14 sur le plan général. L'escalier qui y conduit descend jusqu'au pied d'une fontaine placée dans la rue dite des Orfévres. On remarque sur les parois de ce passage, un paysage qui fait l'admiration des connaisseurs. On y voit aussi un *thermopolium*, ou boutique où l'on vendait des décoctions chaudes : espèce de cabaret antique comme on en trouve dans le voisinage de tous les lieux publics (voir, tom. II, p. 44). C'est aussi en face de cette entrée que fut découvert, dans les ruines d'une maison particulière, un vase en bronze, de deux pieds et demi de haut, d'une belle forme, d'un beau travail, et richement orné d'incrustations d'argent. Ce vase se trouve figuré planche 32 de la 6ᵉ livraison du Museo Borbonico.

En rentrant dans l'intérieur de l'édifice, nous remarquons les pierres de différentes formes, disposées au pourtour de la cour, et qui embarrassent si singulièrement ceux qui ont cherché

EXPLICATION DES PLANCHES.

à expliquer la destination de cet édifice. Cette cour et les portiques, selon leur opinion, qui du reste est assez probable, servaient de lieu de réunion aux marchands, et l'hémicycle, au fond, de tribunal civil : il n'y a plus de difficulté qu'à l'égard des pierres en question, dont on a voulu faire des cuvettes à lavage.

Pour donner une idée de l'état actuel d'une partie de cette ruine, nous avons reproduit, au bas du texte, page 47, la vue du fond de la cour avec l'hémicycle et les deux niches. On y remarquera, au pied des marches et à côté des caniveaux ordinaires, le petit réservoir et une des pierres, légèrement refouillés, dont on désespérera peut-être toujours de retrouver l'usage. Il est à regretter qu'un édifice aussi beau qu'intéressant ne nous soit pas parvenu dans un meilleur état de conservation; aussi nous saura-t-on gré d'avoir reproduit la belle restauration que nous en a laissée feu M. Mazois (voir planches XXIII et XXIV). La première représente l'édifice dans tout son développement. Le vestibule, ou ce qu'on veut appeler le chalcidium, a les proportions grandioses du portique du forum dont il fait partie. Le portique intérieur de l'édifice, d'une proportion plus belle, devait offrir, par la richesse de son architecture, de ses matériaux et des peintures qui en décorent le fond, le coup d'œil le plus satisfaisant. Pour nous en convaincre, il suffit d'examiner les détails de ses peintures, représentées planches XXVI et XXVII, et de calculer l'effet magique de ces tons éclatants et lumineux sous un ciel toujours clair et pur.

Des exemples de décor en peinture se retrouvent dès la plus haute antiquité : tous les peuples paraissent avoir été sensibles au charme des couleurs, surtout des couleurs vives et brillantes. Les moindres objets destinés à l'usage domestique, comme les détails des plus grands édifices, en étaient couverts; et nous avons maintenant des preuves certaines que les chefs-d'œuvre même de la sculpture n'en étaient pas privés. Aurait-on pu concevoir, il y a quelques années, un Apollon du Belvédère ou une Vénus de Médicis peints en jaune, en rouge ou en vert? Cependant, tous les doutes sont levés aujourd'hui à cet égard; et si l'on ne reconnaît plus de traces de couleurs sur ces statues célèbres, il faut l'attribuer au soin qu'on a toujours pris de nettoyer, frotter et *décrotter* les objets d'art que l'on découvre, sans soupçonner le moins du monde que l'on enlève quelque chose de plus que de la boue. Comme les matériaux même les plus précieux n'en étaient pas exempts, il faut croire qu'on ne considérait le marbre et le granit que sous le rapport de la solidité et de la durée (1). Nous, qui considérons les produits de la statuaire uniquement sous le rapport de l'art; qui, en y voyant seulement des modèles et des sujets d'études académiques, les classons méthodiquement et par numéros d'ordre dans des musées, nous devons sans doute nous étonner que les anciens n'en fussent pas choqués de voir ces beautés de formes de leurs statues en partie détruites par l'application des couleurs. Mais notre surprise cessera si nous nous plaçons, un moment, à leur point de vue. Chez eux, l'art n'était que secondaire; les images de leurs dieux ou de leurs grands hommes étaient, avant tout, des représentations religieuses, des objets de culte et de vénération. D'une autre part, ces statues, placées dans des édifices entièrement coloriés à l'extérieur et à l'intérieur, auraient fait une disparate trop choquante si on leur eût laissé la monotone couleur du marbre ou de la pierre. Il fallait que tout, architecture et sculpture, fût en harmonie, tout richement colorié; et en cela les anciens ne firent qu'imiter la nature qui les environnait.

Des peuples de l'antiquité, l'art du décor en peinture passa au moyen âge, et nous en retrouvons les traces dans les plus beaux monuments gothiques, et jusque parmi ceux de la renais-

---

(1) Les fouilles de Pompéi ont offert plusieurs exemples de statues peintes. Outre celles déjà citées, l'ouvrage du Museo Borbonico contient, page 19, la description des statues découvertes dans le temple de la Fortune, sur lesquelles on remarque des couleurs non-seulement sur les draperies, mais aussi sur le visage. J'ai retrouvé moi-même, à Thèbes, de la couleur rouge et bleue derrière les oreilles et sous les bras des quatre statues colossales *en granit* du vieux temple. Les publications des ouvrages sur l'Égypte et la Nubie ont fait connaître les premiers ce genre de décor des monuments; d'autres ouvrages ont suivi depuis cet exemple, et à présent que l'attention des voyageurs est éveillée, il est probable que nous ne tarderons pas à avoir l'histoire complète de l'architecture et de la sculpture peintes.

sance. Raphaël et ses élèves Jean d'Udine, Perin del Vaga et autres, sont ceux qui, parmi les modernes, ont le mieux saisi l'esprit de ce charmant décor. Les copistes de ces grands maîtres n'ont produit, pour la plupart, que des compositions confuses, mêlées de détails incohérents et sans autre dessin que le caprice. Il est facile de distinguer les délicieuses productions des premiers, des imitations que nous en trouvons dans beaucoup de palais d'un temps postérieur, et principalement dans les constructions faites sous Vignole.

Ce genre de décoration, désigné mal à propos sous le nom d'*arabesques*, et dont Vitruve blâme l'abus peut-être trop sévèrement, dégénéra entièrement lorsqu'on fit succéder, aux badinages légers, aux fantaisies de bon goût, les décorations colossales à grandes figures, les perspectives d'architecture dont on surchargea les plafonds. Nous en avons, en France, des exemples sous François Ier et Louis XIV; il est même des ouvrages de ce genre, nouvellement exécutés dans la capitale (musée Charles X), qui semblent vouloir perpétuer un goût mal compris, un décor mal entendu. Espérons que des études mieux dirigées nous aideront à en éclairer les principes, à en réprimer les excès, à en faire, en un mot, un usage judicieux et utile.

La peinture de la planche XXVI reproduit un des panneaux qui décorent le pourtour du portique; celle de la planche suivante ornait les murs intérieurs de la crypta. Une de ces planches nous offre la représentation d'une porte feinte, figurée en stuc sur le mur, à côté de la niche au fond de la crypta, et imitant vraisemblablement la porte réelle qui fermait la baie de l'escalier n° 14. C'est le premier exemple dans l'antiquité de la recherche de cette fausse symétrie dont les modernes sont malheureusement si prodigues. Nous devons pardonner d'autant plus cet écart, qu'il nous procure le portrait fidèle et unique de l'ajustement d'une porte en bois dont nous n'avions aucune idée jusqu'alors. L'anneau servant de heurtoir est peint; les moulures des panneaux et du chambranle sont en relief.

La planche XXVIII représente, fig. 1, une portion de l'entablement et du fronton qui paraît avoir fait partie du couronnement du grand hémicycle au fond de la cour; les profils et les ornements sont du meilleur goût.

Les figures II et III donnent la façade et la coupe extérieure du mur latéral de cet édifice vu de la grande rue. Ce mur, richement orné de corniches et de frontons, est subdivisé dans toute sa longueur par des pilastres formant encadrement à des panneaux lisses. Au milieu de cet ajustement, qui pourrait servir de modèle en ce genre, sont peintes une multitude d'inscriptions d'un intérêt public; ce qui fit donner à cette façade, ainsi décorée, le nom d'*Album*(1). On sait que les anciens avaient l'habitude d'écrire au pinceau, en couleur rouge ou noire, sur les murs des endroits les plus fréquentés, tout ce que nous avons l'usage de publier par le moyen des affiches imprimées; c'est ainsi qu'ils annonçaient les ventes, les locations, les fêtes publiques et les spectacles. Voici quelques-unes de ces inscriptions, découvertes sur le mur en question :

FAMILIA GLADIATORIA
VENATIO . ET . VELA.

« La troupe des gladiateurs; chasse et tente. »

A . SVETTII . CERII
AEDILIS . FAMILIA . GLADIATORIA . PVGNABIT.
POMPEIS . PR . K . IVNIAS . VEÑATIO . ET . VELA .
ERVNT.

« La troupe des gladiateurs de Aulus Suettius Cerius édile combattra à Pompéi le dernier
« jour de mai. Il y aura chasse et tente. »

(1) Voir plusieurs de ces inscriptions en tête du texte, IIe partie, page 1.

Nous aurons l'occasion de revenir sur ces inscriptions curieuses lors de la description de l'amphithéâtre de Pompéi.

SABINVM . ET . RVFVM . Æ . D . R . P.   VALENTINVS CVM DISCENTES SVOS . ROG .

C . CVSPIVM . PANSAM . ÆD.
AVRIFICES . VNIVERSI .
ROG .

« Tous les orfévres invoquent Cajus Cuspius Pansa, l'édile. »

Cette dernière inscription, et la grande quantité d'objets de bijouterie trouvés dans les boutiques de cette rue, lui ont fait donner le nom de rue des Orfévres. On y a découvert le squelette d'un homme qui tenait dans la main un sac en toile grossière, contenant 360 pièces de monnaie en argent, six en or et 42 en cuivre; près de lui, se trouvaient plusieurs idoles du culte d'Isis.

Pour donner une idée de l'admirable position et de la disposition de cette partie du forum, nous avons reproduit, planche XXIX, une vue prise sur le monument même dont nous venons de faire la description. Sur le premier plan, à gauche, on voit les restes des colonnes du portique, des piédestaux, des arcs de triomphe et d'autres monuments honorifiques qui décoraient cette place; plus loin, les trois salles connues sous le nom de tribunaux, et dans le fond, vers la droite, les ruines de ce qu'on appelle la basilique. A travers les arbres, entrelacés de vignes, qui couvrent le sol antique, la vue va se perdre sur le miroir brillant et mobile de la vaste mer, et sur la belle perspective du cap de Minerve. Sorrente, patrie du Tasse, se distingue dans le fond de cet imposant tableau.

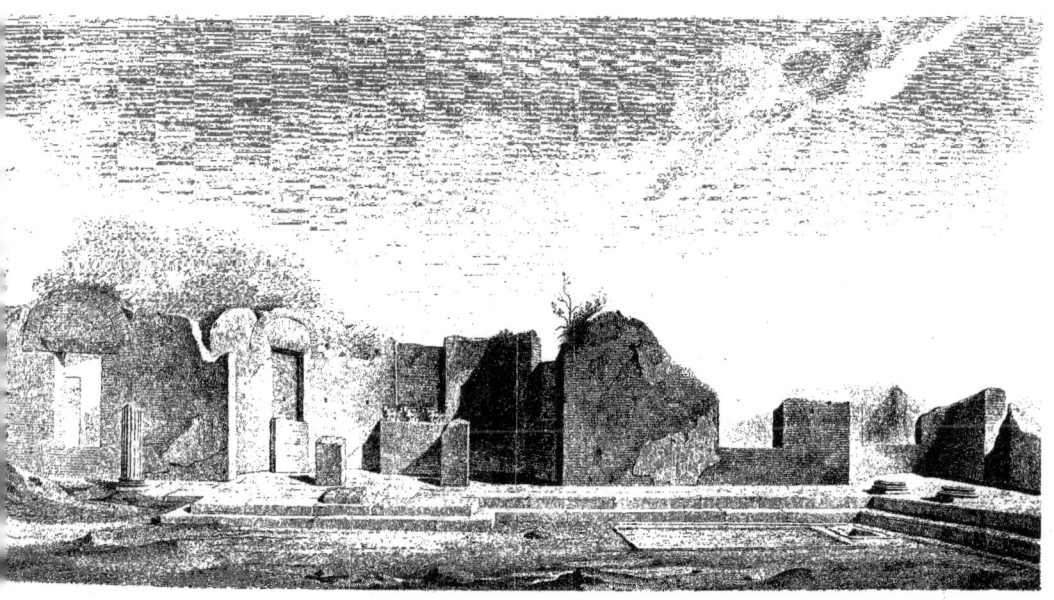

TEMPLE DE JUPITER. — CURIA.

PLANCHES XXX, XXXI, XXXII, XXXIII, XXXIV, XXXV et XXXVI.

M'étant fait un devoir, dès le commencement de ce travail, de suivre et de maintenir la classification adoptée par mon prédécesseur pour les différents genres d'édifices de Pompéi, je devrais, malgré les graves inconvénients qui résultent de cette division, renvoyer au chapitre qui traite *des temples*, la description du monument figuré sur les planches ci-dessus mentionnées. Mais comme la dénomination de *temple de Jupiter*, que lui donnent plusieurs auteurs, est contestée, et avec assez de vraisemblance, par d'autres antiquaires; que les uns veulent y voir la *curia*, d'autres l'*ærarium*, d'autres encore le *senaculum*, nous avons pensé qu'il pouvait être placé, sans anomalie, dans la série des monuments municipes, qui font le sujet principal de cette partie de l'ouvrage.

Il est hors de doute que dans les petites villes de l'Italie le temple de Jupiter, la curie, l'ærarium, etc., n'ont dû former souvent qu'un seul édifice; de même qu'à Rome les bâtiments destinés à ces usages spéciaux servaient alternativement à l'un et à l'autre usage. Ainsi, le sénat se réunissait tantôt au Capitole, tantôt au Forum, tantôt au Champ-de-Mars; et l'ærarium, où était déposé le trésor public, était quelquefois dédié à Saturne, à Jupiter ou à toute autre divinité.

Il ne pouvait en être autrement dans une ville de province où le nombre des monuments devait être nécessairement plus restreint, et recevoir encore plus fréquemment une double destination : de là cette difficulté d'inscrire sur chaque édifice le nom spécial qui lui appartient. Il se pourrait donc que ceux qui appliquent au monument qui nous occupe des dénominations si différentes, eussent raison tous à la fois.

Rien ne s'oppose, en effet, à ce que ce bâtiment, dont la place distinguée révèle l'importance, ait pu être dédié à une divinité principale, et servir, en même temps, de lieu d'assemblée aux décurions, et de dépôt au trésor public. Sa forme, son emplacement, la richesse de son architecture, la découverte, dans l'intérieur, d'une tête colossale de Jupiter et d'une autre d'Esculape, son fils, ont dû servir d'appui à la première opinion; tandis que la disposition d'un porche très-vaste, de la plate-forme entre les deux escaliers, ainsi que l'isolement complet de l'édifice qui permettait un plus grand concours de citoyens, ont paru convenir parfaitement aux assemblées des décurions et aux harangues tenues du haut du *pulpitum*. Disons encore que les trois petites chambres voûtées, au fond de la cella, ont pu servir d'archives pour les actes de l'autorité, ou de dépôt pour le trésor public. La solidité de cette partie de la construction, l'obscurité et l'isolement de ces chambres, ont dû ajouter du poids à cette hypothèse, appuyée, en outre, par la présence de deux soldats qu'on présume avoir été préposés à la garde du trésor au moment de l'éruption, et dont on a trouvé les squelettes au pied du porche. Un de ces squelettes était partagé en deux par la chute d'une des colonnes du temple.

D'autres écrivains ont poussé la licence de tout supposer, jusqu'à reconnaître dans ces trois chambres le sanctuaire mystérieux d'où sortaient les oracles. Mais, sauf cette dernière opinion, que rien n'autorise, je n'ai aucun scrupule d'adopter toutes celles que nous avons mentionnées.

Ceux qui ont cru voir dans cet édifice un temple, lui donnent l'épithète d'hypæthre, c'est-à-dire, dont la cella était découverte et qui avait à l'intérieur deux rangs de colonnes l'un au-dessus de l'autre. C'est par ces deux points seulement que la disposition de notre édifice ressemble à ce que Vitruve nomme temple hypæthre : combinaison théorique si compliquée, qu'il ne serait pas facile d'en trouver l'application rigoureuse dans aucun des monuments de l'antiquité. Ainsi, cet édifice n'est ni décastyle ni diptère; il n'a qu'une seule entrée, et cependant l'arrangement intérieur de la cella comporterait parfaitement les dispositions prescrites par Vitruve pour les temples hypæthres. Mon prédécesseur n'a pas cru devoir adopter ces dispositions dans la restauration qu'il en a faite et que nous reproduisons, planches XXXIII et XXXIV. Mazois y superpose les deux rangées de colonnes, ce qui est parfaitement motivé par la proportion des colonnes existantes; mais il n'a pas admis la *cella* à découvert, ou sans plafond, comme Vitruve le demande, surtout pour certaines divinités qui ont leur image et exercent leur empire au haut des cieux. On peut donc très-convenablement appliquer à cet édifice le nom de temple de Jupiter, ce qui n'exclut pas d'ailleurs celui de *curie* que nous voudrions lui voir donner de préférence par les raisons précédemment émises, quoique nous n'ignorions pas qu'il serait difficile d'y appliquer la description, malheureusement trop courte, de la curia, donnée par Vitruve, liv. V, chap. 2. Cet auteur y parle des proportions d'une salle carrée ou longue, sans faire mention de colonnes; ces conditions paraîtraient plus applicables à l'édifice dont nous donnerons les dessins dans la planche XXXVII.

Ces ruines furent découvertes en 1816 et 1817. Elles sont construites en pierre et en lave, et recouvertes d'un stuc très-dur. Outre les objets déjà indiqués, on trouva sur le haut du soubassement, à côté des deux escaliers, deux pieds en marbre d'une dimension colossale, un torse, un cadran solaire et une grande inscription faisant mention d'un monument honorifique érigé, sans doute, dans le voisinage de l'édifice (1).

Le bas du perron est flanqué de deux piédestaux, destinés à supporter des statues équestres, et de deux autres plus élevés, dont on voit également les massifs (pl. XXX, XXXI et XXXII). Des colonnes du porche, n° 2, il ne reste en place que les bases avec une partie des fûts. La trace des gonds de la porte est encore visible, ainsi que l'empreinte du dallage. Plusieurs des colonnes de l'intérieur de la cella, n° 3, sont encore debout, elles portent des chapiteaux ioniques; mais il ne reste d'autres traces de l'entablement que le fragment d'un modillon en pierre. Le sol de la cella montre un encadrement en mosaïque blanche. Derrière les trois chambres voûtées, n° 4, se trouve un escalier, n° 5, qui a pu conduire au-dessus de ces chambres ou, peut-être, à la galerie formée par la seconde rangée des colonnes.

La planche XXXI représente la coupe géométrale de cet édifice et de ses alentours dans leur état actuel. Cette coupe est prise sur la largeur du forum. Cette même coupe se trouve, restaurée, sur la planche suivante, d'après les dessins de Mazois. Nous regrettons que la façade principale de cette restauration ne soit pas rehaussée par les ornements qui devaient naturellement la décorer. Nous n'approuvons pas non plus entièrement ses proportions : l'entablement et le fronton sont évidemment trop écrasés. Le portique à gauche, n° 4, qui entoure la place du forum, a deux étages, tandis que le plancher intermédiaire du portique opposé se trouve supprimé du

---

(1) Ce texte était déjà en partie imprimé lorsque nous eûmes connaissance de l'intéressant ouvrage du savant chanoine de Jorio, *Plan de Pompéi, et remarques sur ses édifices*. Si nous avions connu plus tôt les détails curieux contenus dans cet ouvrage, nous aurions été à même de rectifier et de compléter plusieurs de nos descriptions. Nous nous bornons ici à citer quelques autres objets parmi ceux en grand nombre trouvés en dehors et en dedans de cet édifice : par exemple, les bras, les mains, un doigt et deux pieds, tout d'une proportion colossale, en bronze et en marbre; de plus, un torse de la même proportion et deux groupes de petite dimension, représentant un vieillard et une femme, chacun avec un enfant. Parmi quelques-uns de ces objets on croit reconnaître des *ex-voto*. Il eût été aussi facile qu'intéressant de distinguer avec précision tous les fragments appartenant à cette dernière destination de ceux qui proviennent de statues mutilées. La cassure doit être un indice certain de ces derniers. Les premiers, au contraire, sont reconnaissables à leurs extrémités, coupées régulièrement et souvent pourvues de trous pour les suspendre, ou de socles pour les supporter. En établissant cette distinction par ceux qui sont sur les lieux, on aurait pu remonter à l'origine d'un usage dont les traces se sont perpétuées jusqu'à nous.

Voici la traduction de l'inscription en question, d'après Romanelli :

« Spurio Furanio Proculo Gelliano figlio di Lucio, nipote di Spurio, pronipote di Lucio, della tribu fabia, prefetto de' fabbri per la seconda volta, prefetto de' curatori dell' alveo Tiberino, prefetto e propretore a giustizzia nella cità di Lavinio, padre patrato del popolo di Laurento per segnar l'alleanza, secondo i libri sibellini, co' pretori de' sacri principj del popolo romano, de' Quiriti, e del nome Latino, che si conservavano presso la cità di Laurento, Flamine Diale, Marziale, Salio, Presule, Augure, Pontefice, Prefetto della Corta getulia, e tribuno militare della Legione X, a cui fu dato il luogo per decreto de' decurioni. »

côté de l'édifice appelé vulgairement le *Panthéon*. La communication du premier étage y est par conséquent interrompue. Cette disposition est d'autant moins vraisemblable qu'il existe, de ce côté, un des quatre escaliers dont nous avons déjà fait mention, conduisant de la rue à l'étage supérieur du portique. Il n'est donc guère probable qu'une communication si utile ait été sacrifiée. Dans tous les cas, elle n'a pu l'être dans l'espace assez grand qui sépare l'entrée du forum du Panthéon (voy. le plan, pl. XXX). Le diamètre des colonnes l'indique assez clairement.

Les planches XXXIII et XXXIV montrent la coupe et la face latérale ombrées dans les parties encore existantes, et au trait seulement, dans celles qui ont été restaurées. Sur ces dernières on a ajouté des fragments de tuiles antiques en marbre, provenant du temple de Serapis à Pouzzuole.

Parmi les détails contenus sur la planche suivante se trouve, fig. I, le chapiteau d'ordre corinthien des colonnes du porche. Il est en tuf, en deux assises et fort mutilé. Il semble qu'on ait voulu le disposer pour en faire un autre ordre, car les grandes volutes paraissent cassées à dessein et les refouillements des petites sont remplis de stuc; Pompéi offre plusieurs exemples de changements semblables. Une autre particularité se fait remarquer dans les cannelures de ces colonnes : elles sont plus profondes à mesure qu'elles s'élèvent. Les figures II et V représentent la base, le chapiteau et l'ensemble de la colonne ionique de la cella; elle a 12 pieds 5 pouces 9 lignes de hauteur, sur 1 pied 10 pouces de diamètre. Le chapiteau de pilastre, dont nous avons le dessin, mais qui n'a pas été reproduit sur nos planches, est d'ordre ionique composite, ayant ses volutes sur la diagonale, supportées par des feuilles d'acanthe : arrangement heureux et qui mérite d'être imité. La fig. III offre le profil du stylobate et de la base; celle n° 4, deux profils des refends en stuc qui ornent les murs extérieurs. La planche XXXVI reproduit le décor en peinture des murs intérieurs de la cella, que son ajustement et l'harmonie de ses couleurs rendent remarquable. Le noir domine dans le socle, le rouge dans les panneaux; la frise, en couleur amarante, est surmontée d'une corniche avec modillons peints en perspective : c'est peut-être le seul exemple de ce genre.

SENACULUM.

PLANCHE XXXVII.

A gauche de l'édifice que nous venons de décrire, se trouvent les ruines d'un autre bâtiment communément appelé la *Curia*, et marqué G sur le plan général. Sa construction en briques et en *opus reticulatum*, anciennement revêtue de marbre, est tout-à-fait romaine; mais les parties qui nous en restent sont tellement dépouillées de leurs accessoires, qu'il serait difficile de reconnaître la destination, et même de retrouver exactement l'ancienne disposition architecturale de ce monument. Aussi, la plupart de ceux qui ont écrit sur Pompéi n'en ont-ils fait aucune mention, et leur silence est d'autant plus à regretter que le concours de leurs lumières était désirable là surtout où nous n'avons ni ornement, ni peinture, ni inscription pour nous fournir quelque indication.

Sa disposition, d'une forme tout inconnue, consiste en une grande salle carrée d'environ 18 mètres de large sur 20 mètres de profondeur, terminée au fond par un hémicycle. La grande largeur de cette dernière partie et la richesse du décor intérieur, attestée par les restes de plusieurs piédestaux, qui ont dû porter autant de statues, nous font croire que cet édifice pourrait avoir été destiné aux réunions des autorités principales : ce serait le *Senaculum*, ou, comme le veut M. Bonnucci, le *Decurionat*, lieu d'assemblée des décurions (1).

Cette supposition paraîtra certainement plus probable que l'opinion de ceux qui veulent y voir le *Comitium*, ou même l'*Ærarium*, ou bien le temple de Saturne; car, ce que nous avons dit précédemment des cérémonies usitées dans les comices, ne pourrait guère s'appliquer à ce monument. De plus, rien dans sa disposition ne répond à l'idée qu'on se fait d'un lieu solide, retiré et sûr, propre à recevoir des trésors. Nous sommes donc portés à attribuer à cet édifice la dénomination ci-dessus indiquée jusqu'à ce que l'on ait donné des notions plus certaines sur son ancienne destination.

Examinons maintenant sa construction par rapport aux restaurations que différents architectes en ont données.

La présence d'un fragment en marbre d'une base de pilastre, à l'angle de l'hémicycle, marqué H, et la grande largeur de la salle ont sans doute engagé plusieurs de ces architectes à placer un rang de colonnes de chaque côté de cette salle, dans toute sa longueur. Mais ils n'ont plus retrouvé apparemment les restes du dallage en marbre que j'ai relevé exactement dans le temps, et qui aurait pu les convaincre de l'impossibilité de la disposition qu'ils ont adoptée. L'inspection de ce dallage, figuré sur notre plan, prouve facilement que ces colonnes sur les deux faces latérales n'ont pu y exister. Je serais même tenté de croire que toute la salle était couverte d'une voûte, si les murs avaient la force qu'en pareil cas on leur donnait ordinairement. Aussi, Mazois, dans une petite restauration de cet édifice, que nous avons sous les yeux, a-t-il adopté un plafond; mais, malgré la probabilité de cette hypothèse, nous avons hésité à en publier le dessin. J'en ferai connaître cependant les dispositions principales : Mazois suppose que l'édifice (planche XXXVII) se prolongeait jusqu'à la colonnade du portique du forum, en formant, sur ce prolongement, deux arcades, afin de ne pas interrompre la communication du portique. Il suppose en outre la façade composée de deux pilastres, aux angles, séparée par six colonnes d'un diamètre plus fort que le restant du portique, et par là il interrompt la ligne de son entablement, ainsi que la communication de l'étage supérieur. Nous avons déjà, dans la description du monument précédent, désapprouvé cette supposition malheureuse, quoiqu'elle soit en partie motivée par la présence des assises en pierre, L, d'une dimension plus forte, dans cet endroit, que les assises, en M, qui forment l'assiette des colonnes du forum : l'effet en aurait été trop désagréable.

En examinant l'intérieur de l'édifice, on peut soupçonner que le devant des deux grands renfoncements, E, que nous croyons être des chapelles pour célébrer les rites usités dans ces assemblées, était décoré de deux colonnes et de deux pilastres, comme nous le voyons au devant des niches du Panthéon à Rome. Nous supposons pareillement que le contour de la partie demi circulaire était orné de colonnes et de pilastres d'un diamètre moindre, d'après les assises de libage qui sont encore visibles dans la hauteur des soubassements. La niche, D, paraît avoir contenu une statue assise. Une base de pilastre, H, et le fragment d'un chambranle, N, sont les seuls témoins de l'ancien revêtement en marbre, ainsi qu'une partie assez considérable de dallage, qui m'a permis d'en rétablir les compartiments. Enfin, le massif, F, au milieu de la salle, me semble plutôt le reste d'un autel que d'un piédestal. Une porte, I, paraît avoir servi de communication avec plusieurs pièces situées derrière l'édifice; leur destination est aussi problématique que le reste.

(1) *Senacula* était le nom donné, à Rome, aux lieux où se réunissaient les sénateurs, représentés dans les villes municipes par les décurions. Vitruve ne parle pas de ces sortes d'édifices, qui paraissent avoir eu la même destination que les *curies* dont il donne les proportions.

TRIBUNAUX — SALLES DE JUSTICE.

PLANCHE XXXVIII.

Au sud du forum, en face de la *Curie*, se trouvent les ruines de trois édifices, marqués D, E, F, sur le plan général, planche XIV; ils consistent en trois salles, isolées entre elles par des ruelles, se réunissant du côté du portique pour former une seule façade. Diverses dénominations ont été données à ces ruines, et les auteurs qui en ont fait mention n'ont pu encore s'accorder sur leur destination. Hirt y voit trois basiliques servant de salles de justice; Romanelli, des temples ou des chapelles; Bonnucci, des lieux sacrés où des magistrats se rendaient pour juger les petites causes de l'état; Donaldson en fait la curie, le senaculum et le trésor, sans doute à cause de la quantité de monnaies d'or et d'argent qu'on y a trouvées; enfin, M. Gell estime que si ce ne sont pas des chalcidiques, il serait difficile de les expliquer autrement.

Parmi toutes ces opinions différentes, celle qui a été généralement adoptée à Pompéi et que nous partageons assez volontiers, est que ces trois édifices formaient autant de petits tribunaux. Si l'on se rappelle, en effet, la citation que nous avons faite de Vitruve, à l'occasion de la Basilique, sur la nécessité d'*isoler*, comme cet architecte en a donné l'exemple dans sa construction à Fano, la salle du tribunal du reste de la Basilique, « *afin de ne pas troubler la justice par le bruit des autres affaires;* » si l'on se rappelle que le besoin avait multiplié, dans les derniers temps, le nombre des tribunaux, et que la tendance générale, non seulement à Rome, mais aussi dans les provinces, était d'approprier des édifices particuliers à chaque spécialité, on peut sans invraisemblance supposer que les salles en question étaient destinées à rendre la justice. La conformité et la convenance de leur disposition, et la situation de ces salles, ordinairement les plus fréquentées, à l'entrée immédiate du forum avec un portique plus large au devant, afin de faciliter l'abord de la foule, de tout temps curieuse et avide d'assister à ces sortes d'affaires : toutes ces circonstances enfin confirmeront de plus en plus cette conjecture. En examinant maintenant en détail la distribution intérieure, nous reconnaîtrons encore, au fond de chaque salle, cette partie demi circulaire, cet hémicycle formant le tribunal où se plaçaient les juges et leurs assesseurs; c'est un soubassement plus ou moins étendu dont il reste encore les massifs. Le surplus de la salle est diversement orné. Dans celle marquée E, on reconnaît encore quelques lignes de peinture jaune et noire sur fond blanc et stuc. La salle du milieu, plus riche, contient, sur les deux faces, une suite de piédestaux destinés sans doute à supporter des statues, et celle marquée F est décorée de six niches qui avaient apparemment une semblable destination. On y reconnaît aussi l'empreinte d'un revêtement en marbre. Deux trous de scellement de poutres, à 18 pieds du sol, dans cette dernière salle, pourraient faire supposer qu'elles ont été couvertes d'un plafond et non voûtées; mais aucune ouverture, dans l'intérieur, n'indique qu'elles aient pu communiquer en dehors avec d'autres pièces dépendantes, ainsi que quelques architectes l'ont supposé dans leurs restaurations. Des restes de trottoirs et de pavages attestent, au contraire, l'existence des rues, et par conséquent l'isolement complet des bâtiments. C'est cette absence totale des pièces accessoires où les juges auraient pu se retirer pour délibérer, qui a fait élever des doutes sur la destination que nous supposons; mais si l'on considère que les juges étaient en petit nombre, qu'ils siégeaient souvent en plein air, sous des portiques, sur les places publiques ou devant les temples, que les formes judiciaires étaient simples et expéditives, on admettra facilement que ces dépendances étaient loin d'être absolument nécessaires (1).

---

(1) M. le chanoine de Jorio, qui appelle ces trois salles des *curies*, rapporte l'inscription suivante trouvée dans une d'elles : L. Numisius. Primus. L. Numisius Optatus. L. Melissaeus. Plocamus. Ministr. Fortun. Aug. Ex. D. D. Jussu. L. Juli. Pontici. P. Gavi. Pastoris. D. V. J. D. Q. Poppaei. C. Vibi. Aedil. Q. Futio. P. Calvisio. Cos.

DÉTAILS DU FORUM.

PLANCHE XXXIX.

Nous avons déja remarqué le grand nombre de piédestaux, anciennement surmontés de statues, qui décorent la place du forum. Cette planche est destinée à reproduire leur forme et leur ajustement. La plupart sont revêtus de dalles de marbre rattachées par des agrafes. Le marbre blanc est employé pour les bases et les corniches à moulures; les plinthes et les dés sont ordinairement en marbre veiné ou de paonazzato; quelquefois aussi en pierre de travertin ou de pépérin. Plusieurs piédestaux sont ornés d'une frise dorique avec triglyphes, et décorés de rosaces et de têtes d'animaux dans les métopes. Nous allons rapporter ici quelques-unes des inscriptions que nous avons recueillies sur ces piédestaux, et qui nous font connaître les noms et les titres des personnages dont ils portaient autrefois la statue (1):

> M · LVCRETIO · DECIDIAM
> RVFO · D · V · III · QVINQ
> PONTIF · TRIB · MILITVM
> A · POPOLO · PRAEF · FABR
> M · PILONINVS · RVFVS

> M · LVCRETIO · DECIDIAM
> RVFO · II · VIR · III · QVINQ
> PONTIF · TRIB · MIL · A POPVLO
> PRAEF · FABR · EX · D · D
> POST · MORTEM ·

Toutes les deux sont dédiées à Marcus Piloninus Rufus, l'une de son vivant, et l'autre après sa mort et par un décret des décurions. Ces inscriptions prouvent que la ville de Pompéi avait conservé, même sous les empereurs, le droit d'élire du moins quelques-uns de ses magistrats.

> Q · SALLVSTIO · P · F ·   C · CVSPIO · C · F · PANSAE
> II · VIR · ID · QVINQ ·   II · VIR · ID · QVART · QVINQ
> PATRONO   DD   EX · D · D ·   PEC · PVB ·

> C · CVSPIO · C · F · F · PANSAE
> PONTIFICI · II · VIR · I · D ·
> EX · D · D ·   PEC · PVB ·

Un tableau antique, gravé dans l'ouvrage de l'académie de Naples, représente la vue d'un forum, et en même temps une des scènes qui se rapportent au sujet qui nous occupe. On y voit un portique à deux étages, formé par des colonnes superposées comme celles du forum de Pompéi, et au-devant de ce portique une rangée de piédestaux portant des statues. Une longue tablette se prolongeant d'un piédestal à l'autre, et ayant une inscription en quatre lignes, y est attachée. Plusieurs personnages sont occupés à lire cette inscription.

C'est ainsi que les anciens promulguaient leurs lois, en les gravant sur des tables de bronze attachées aux murs des portiques et des monuments publics.

---
(1) Voir, première partie, page 47, l'inscription du tombeau de Scaurus.

L'entablement, fig. I; la soffite, fig. III, et la base, fig. IV, sont des détails en marbre du portique du forum; ils ont été trouvés du côté de l'un des arcs de triomphe, et ils attestent la richesse et la beauté de ces édifices. La fig. III représente une colonne votive portant la tablette avec une inscription rapportée et expliquée page 12 de ce volume.

MESURES PUBLIQUES.

PLANCHE XL.

C'est sous le portique latéral, dans un renfoncement marqué M sur le plan général du forum, planche XIV, que fut découvert l'un des monuments les plus curieux de l'antiquité. Il consiste en un morceau de tuf d'environ sept pieds de long sur deux de large, et dans lequel sont creusées des mesures de capacité de différentes grandeurs. L'inscription gravée en beaux caractères sur la face de la pierre fait connaître le nom des magistrats qui furent chargés, par décret des décurions, de les régulariser et d'établir ces types généraux.

A · CLODIVS · A · F · FLACCVS · N · F · ARELLIAN · CALEDVS ·
D · V · I · D · MENSVRAS · EXAEQVENDAS · EX · DEC · DECR · (1)

Nous voyons donc que c'est à Claudius Flaccus fils et Aurellianus Caledus, tous deux duumvirs, que fut confié à Pompéi un soin dont à Rome on avait l'habitude d'investir les édiles. C'est sous la surveillance de ces derniers que les poids et mesures publics étaient déposés au forum; la présence des mesures de Pompéi dans le lieu que nous avons indiqué attesterait donc, s'il était nécessaire, que cette place et les monuments qui l'entourent formaient réellement le forum. Le sig. Cagnazzi, dans un Mémoire sur ce sujet, mais que nous n'avons pu nous procurer, paraît d'avis que les vides creusés dans la pierre n'étaient pas les mesures elles-mêmes, mais qu'ils servaient seulement à contenir *des mesures de métal*. Quelques restes de scellements en bronze aux bords de plusieurs de ces creux ont peut-être donné lieu à cette conjecture; mais ils nous paraissent plutôt avoir été destinés à fixer des *couvercles* en métal pour préserver de la poussière les mesures des liquides : car il n'est pas probable qu'à des mesures creusées dans la pierre on eût préféré des mesures mobiles en métal qui auraient plus facilement prêté à la fraude et à l'altération. La garantie donnée en outre par l'autorité des magistrats aurait été, dans ce cas, inscrite sur les mesures en métal et non pas sur la pierre, comme nous le voyons. D'ailleurs, des traces d'autres inscriptions, qui sont devenues illisibles, se retrouvent encore gravées dans la pierre autour des cinq creux du milieu. Elles indiquaient sans doute les noms de ces mesures, et ces noms se seraient trouvés de même inscrits sur les mesures mobiles, s'il y en avait jamais eu. Nous regardons donc ces excavations comme les véritables mesures antiques, et nous en avons indiqué, sur nos planches, les grandeurs exactes pour ceux qui auraient envie d'en calculer et d'en comparer la capacité.

Quatre de ces mesures sont garnies en dessous par des coulisses en bronze (voy. la coupe, fig. III, et le détail de ces coulisses, fig. IV). Elles nous paraissent avoir été consacrées au me-

---

(1) L'inscription suivante, qui se trouve gravée sur le fléau d'une balance en bronze, est rapportée, planche 55 de l'ouvrage du Musée Borbonico. Les lettres sont formées, comme la plupart des inscriptions sur métal, par une suite de points :

IMP∴ VESP∴ AVG . IIX ∴
T . IMP∴ AVG ∴ F∴ VI∴
EXACTA∴ IM . CAPITO

« Nel consolato *VIII di Vespasiano Imperatore Augusto*, e nel *VI di Tito Imperatore figlio di Augusto*, saggiata nel campidoglio. »

surage des objets secs, tandis que les autres étaient destinées aux liquides : le bourrelet en saillie en dessous de celles-ci servait évidemment à en faciliter l'écoulement. Quelques auteurs ont émis une opinion différente, en prétendant que c'étaient au contraire les mesures garnies de coulisses qui recevaient les liquides; mais il est facile de voir qu'il aurait été impossible de les retenir avec une fermeture semblable.

ARCS DE TRIOMPHE.

PLANCHE XLI.

Rien n'a manqué pour compléter la magnificence de ce forum et la richesse de sa décoration. Tous les genres d'édifices honorifiques y sont représentés, et parmi ceux que nous avons déjà cités, il faut encore mentionner les quatre arcs de triomphe, dont deux décorent les entrées, et les deux autres l'intérieur de la place. Ces monuments, consacrés par la reconnaissance et plus souvent par l'adulation à la gloire de quelque citoyen illustre, ou bien en souvenir de quelque événement mémorable, sont les plus nombreux de ceux que l'antiquité nous a conservés. Une telle abondance d'édifices de luxe et de vanité ne témoigne pas en faveur des temps qui nous les ont légués, mais il faut s'empresser d'ajouter aussi qu'aucun de ces monuments ne date du beau temps de l'héroïsme et de la vraie vertu : ils sont tous, sans exception, de l'ère de la décadence morale. Les Grecs, ni les Égyptiens, ne paraissent pas les avoir connus, du moins nous n'en trouvons point de traces ni parmi les ruines de ces pays, ni dans leur histoire. L'arc de triomphe à Athènes, et un autre que j'ai eu occasion de dessiner à Antinoë, appartiennent tous deux au temps d'Adrien et sont évidemment de construction romaine. Vitruve même ne fait pas mention de ces sortes de monuments, et nous présumons que l'usage n'en était pas encore connu de son temps.

On rapporte ordinairement l'origine de ces monuments à ces constructions provisoires en bois et en feuillage qu'on élevait dans les rues et sur les routes au passage des triomphateurs. Il nous semble, à nous, que c'est plutôt à l'habitude de décorer, dans ces occasions, les portes des villes, que nous devons ce genre de construction, si multiplié dans la suite, et qu'un auteur romain (Pline) appelait une nouvelle invention; du moins leur disposition tout architecturale fait présumer une telle origine. Si, au contraire, l'idée des arcs de triomphe était due à ces constructions passagères et frêles, dont nous venons de parler, certes, ils en auraient conservé le caractère, la disposition, et même les attributs. Mais rien de tout cela ne se retrouve dans les édifices en question : c'est, au contraire, la forme, la disposition des portes ordinaires, seulement plus riches et plus décorées.

Le double but que remplirent dans la suite ces constructions vient encore à l'appui de ce que nous venons de dire. En effet, nous trouvons des arcs de triomphe isolés et simplement honorifiques, comme ceux de Septime Sévère, de Tite et de Constantin, sur le forum de Rome; d'autres, qui sont à la fois arcs de triomphe et portes de villes, comme nous en voyons de même à Rome, à Vérone, à Autun, etc., etc.; d'autres encore qui sont en même temps destinés à donner entrée à des places publiques ou à des enceintes réservées, comme deux des arcs du forum de Pompéi et quatre d'une époque plus rapprochée, formant l'enceinte de l'ancien temple de Salomon à

56 EXPLICATION DES PLANCHES.

Jérusalem (1). Enfin, il nous reste des exemples d'une troisième espèce pour orner les extrémités des ponts, comme ceux de Saint-Chamas en Provence.

Les arcs de triomphe variaient aussi dans leur forme et dans leur décoration : les uns se composaient d'un seul arc, avec ou sans colonnes; d'autres de deux, trois, et même quatre arcs : ces derniers étaient des portes triomphales de villes, comme à Autun, où elles sont surmontées d'un attique percé d'arcades et richement décoré de pilastres; sous le rapport de l'ajustement, c'est l'exemple le plus remarquable que nous offre l'antiquité.

Les temps modernes n'ont pas été moins prodigues de ces sortes de constructions, et la France surtout est riche en monuments de ce genre. Ils sont assez connus pour que nous n'ayons pas besoin de les rappeler.

Quant à ceux de Pompéi qui nous occupent spécialement, il n'en reste guère que la masse brute construite en briques. Le principal des quatre arcs, celui qui, s'élevant à droite du temple de Jupiter, formait l'entrée triomphale du forum, était revêtu de marbre et orné des deux côtés de colonnes adossées et de niches. Nous donnons, planche XLI, les détails des fragments retrouvés encore en place : ils se composent de deux bases de colonnes cannelées, fig. II, et d'une autre base de pilastre d'angle dont l'ajustement n'est pas très-heureux. On peut en dire autant du profil de l'imposte, fig. III, qui rappelle la décadence de l'architecture romaine. La fig. IV donne un ajustement peu connu d'un des appuis des niches qui décorent les faces de l'arc. On a découvert dans une d'elles un tuyau en plomb, probablement destiné à conduire des eaux. Il est possible que l'ajustement du bas de ces niches, ou leurs statues mêmes, aient servi de fontaines. Pompéi nous offre plus d'un exemple de ce genre, comme on peut le voir, pl. 22 de la 6ᵉ livraison du Musée Borbonico, où sont représentées plusieurs statues-fontaines. La vue de cet arc, prise de la rue du Temple de la Fortune, à laquelle il fait face, est représentée fig. I. On y voit, à droite, la face latérale du temple de Jupiter, et, à gauche, les restes du portique du forum.

L'arc, au côté opposé, n'a que l'épaisseur du mur, et se compose d'une simple arcade. Le sol de la rue étant plus élevé, on y descend par cinq marches; entre cette arcade et la porte la plus voisine, se trouve une de ces nombreuses fontaines dont la ville était si richement pourvue. Nous avons remarqué aussi des traces de gonds qui prouvent, comme nous l'avons déjà annoncé, que toutes ces entrées étaient fermées.

A la suite de cette dernière arcade, à gauche du temple, s'élève un troisième arc, dont la position choque singulièrement les amateurs de la symétrie. On ne peut concevoir le choix de cet emplacement, qui nuit d'une manière désagréable à l'effet du bel ensemble dont se compose le fond de ce tableau, et on se demande pourquoi cet arc n'est pas placé à l'alignement de l'autre, et pour quel motif on a ainsi détruit par une maladresse inexplicable l'harmonie de cette place (2).

Cet arc était également revêtu de marbre et décoré de pilastres cannelés dont on a découvert les bases. Mazois a fait de ces deux arcs une restauration satisfaisante, que nous avons données, planche XXXII.

Le quatrième arc est placé au milieu, du côté opposé à la face principale du temple de Jupiter. Il n'en reste pareillement que la masse en briques et des revêtements en marbre avec pilastres. La grande profondeur de cet arc fait présumer qu'il a dû être surmonté d'un quadrige.

---

(1) L'auteur prépare la publication de son voyage en Syrie et en Palestine, qui contiendra une vue générale de Jérusalem et les principaux monuments antiques de l'architecture juive.

(2) Si nous sommes surpris de ne pouvoir pas nous expliquer les bizarreries des siècles passés, il en est de même pour celles qui se passent sous nos yeux. Par quel motif, par exemple, a-t-on placé le très-joli pont du guichet du Louvre à côté de la rue des Saints-Pères, au lieu de l'aligner avec cette rue et, par la suite, avec celle de Richelieu? Personne n'a encore pu donner un motif raisonnable pour excuser une telle faute, pas même ceux qui l'ont commise.

PRISON.

Parmi les édifices qui ordinairement faisaient partie du forum, Vitruve cite encore la prison, sans nous donner cependant d'autres détails sur la composition ou sur l'ensemble d'une pareille construction. Il est à croire que le système des prisons, tel qu'il existe chez nous, n'était heureusement pas connu des anciens. Leur justice, souvent cruelle, même barbare, était toujours prompte, expéditive, comme elle l'est encore aujourd'hui dans les pays de l'Orient; et le pouvoir absolu du père sur ses enfants et des maîtres sur les esclaves rendait moins nécessaire l'intervention de la justice publique. Aussi on n'y construisait pas de ces enceintes immenses pour y enfermer toute une population de malheureux; on n'y rencontre pas ces établissements coûteux, véritables pépinières du vice, que nous appelons des prisons : quelques cachots isolés se reconnaissent çà et là parmi les ruines, et encore est-on incertain sur leur véritable destination. C'est ainsi qu'on trouve, à gauche du forum, à la suite du bâtiment marqué I sur le plan général, quelques chambres voûtées dans lesquelles plusieurs écrivains ont voulu voir *la prison*, parce qu'on y a découvert des ossements enchaînés. M. Bonnucci, qui, si je ne me trompe, a dirigé cette fouille, ne parle pas des chaînes; il dit seulement que ces chambres, sans jours, étaient bien gardées par de petites portes munies de ferrures, et que les ossements qu'on y a trouvés y avaient été entraînés par les eaux de l'alluvion qui accompagna l'éruption (1). Néanmoins, M. Bonnucci pense aussi que c'était la prison. Ces ruines ont trop peu d'importance pour nous y arrêter plus long-temps.

PORTIQUE - POECILE.

A côté des chambres voûtées dont nous venons de parler, se trouve un long espace renfermé sur trois faces par un mur; et sur la quatrième, par une suite de piliers faisant face au portique du forum : c'est l'édifice désigné par la lettre I, et généralement connu sous le nom de *grenier public*. Le voisinage des mesures publiques a pu seul motiver une dénomination aussi invraisemblable. Cette partie du forum n'était pas encore découverte lors de notre séjour à Pompéi, nous ne pouvons donc que nous en rapporter à ce qu'en disent ceux qui en ont parlé.

M. Bonnucci est d'avis que dans cette enceinte on vendait de la toile et du drap; il fonde cette opinion sur le nombre infini de trous pratiqués dans les murs, destinés, selon ce savant, à suspendre ces marchandises. Nous avouons que nous préférons de tous points l'idée d'un autre architecte, M. Callet, qui croit voir dans ces ruines, le *portique*, le *pœcile* de Pompéi. Les longs murs lisses étaient effectivement propres à recevoir les peintures dont on avait coutume d'orner

---

(1) Voici ce que disent, sur l'invraisemblance de cette alluvion, les auteurs du texte du Musée Borbonico, page 10, 4ᵉ livraison :
« La ville fut couverte, par l'éruption, de cendres volcaniques et de lapilli ou petites pierres ponces. Là où des cendres se trouvent in
« tactes, elles sont rangées de la manière suivante : la première couche, sur le sol antique, se compose d'un pied environ de cendre très-
« noire et fine; une deuxième couche de 9 à 10 pouces de lapilli; une troisième couche de 3 à 4 pouces de cendres; une quatrième couche
« de 3 à 4 pouces de lapilli; une cinquième couche de 18 pouces à 2 pieds de cendres; une sixième couche de 6 pouces environ de lapilli;
« une septième et dernière couche de 4 à 5 pieds de cendres, et enfin 5 à 6 pieds de terre végétale qui couvre le sol. Le tout forme une
« masse de 20 à 22 pieds sans trace de végétation entre l'une et l'autre couche. » De là, on induit que cette masse n'a pu être amenée par
des torrents impétueux, mais qu'elle est le résultat de la pluie volcanique qui, dans les irruptions, précède le débordement de la lave. Ces
différentes couches sont en partie bouleversées et mélangées là où, après la catastrophe, les malheureux habitants entreprirent eux-mêmes
des fouilles.

ces lieux, et Pompéi, cette ville si riche, si brillante, ne pouvait certainement pas se passer d'un édifice alors à la mode, et dont presque toutes les villes grecques se glorifiaient.

Pour se préserver des ardeurs du soleil, les anciens avaient l'habitude, comme nous le voyons dans beaucoup de tableaux antiques, de fermer, à une certaine hauteur, l'entre-colonnement de ces portiques par des draperies ou rideaux mobiles. Cet usage a été nouvellement attesté par les fouilles faites à Herculanum, en 1828. On y a découvert les anneaux et les tringles en fer attachées aux colonnes, et M. de Jorio, dans son intéressant ouvrage déjà cité, dit avoir distingué, dans un portique d'une maison particulière de Pompéi, les trous carrés ménagés dans les tablettes de marbre d'un mur d'appui, et destinés à recevoir le montant des châssis vitrés qui ont dû fermer les arcades de ce portique.

Nous connaissons aussi l'usage de tendre une espèce de voile dans les portiques du forum où se tenaient les juges, afin de faciliter la propagation de la voix. C'est ainsi que nous voyons encore actuellement en Italie une grande toile tendue au-dessus des prédicateurs qui, pendant le carême, y prêchent en plein air dans la campagne et sur les places publiques.

ÉCOLE PUBLIQUE.

Parmi tant de monuments municipaux, où sont gravées, en caractères ineffaçables, les mœurs, les coutumes et la haute civilisation de l'antiquité, il en est un, sans doute, qu'on serait étonné de ne pas voir figurer dans nos descriptions. L'instruction publique était un besoin trop grand, à cette époque, pour qu'on pût craindre de ne pas trouver des traces d'un édifice qui y fût consacré. Je pense donc que l'enceinte marquée L, d'une forme carrée, entièrement entourée de murs, et ayant au fond un renfoncement non encore déblayé, a pu être destinée à cet usage. Ce qui me porte à le croire, c'est la ressemblance de cette disposition avec celle de plusieurs écoles publiques modernes que j'ai eu occasion de dessiner en Orient. Personne ne conteste l'analogie de disposition de la plupart des édifices publics de ces pays avec ceux des anciens : nous n'avons pas de commentaires plus sûrs pour les expliquer.

Ces écoles se composent d'enceintes entourées de murs, dans lesquels est pratiquée, comme dans le spoliatorium des bains publics, une grande quantité de petites niches où les élèves déposent ceux de leurs vêtements qui leur deviennent inutiles, et leurs petites provisions de la journée. Les portes d'entrée sont toujours sur les côtés, pour ne pas se trouver vis-à-vis du renfoncement qui occupe le milieu du mur du fond, et où se tient le maître de l'école. Eh bien! cette disposition moderne n'est-elle pas parfaitement semblable à celle que nous retrouvons dans les ruines qui nous occupent? Les niches, la position des entrées, le renfoncement du fond, l'enceinte, tout y est; et cette ressemblance ne laissera plus de doute, je le pense, sur la destination que nous avons indiquée lorsque le monument sera entièrement déblayé. Nous la trouvons d'ailleurs encore confirmée par M. Bonnucci qui, en s'appuyant sur une inscription qu'il rapporte, nomme cette enceinte l'*École de Vernus*.

« C. Capellam. D. V. J. D. O. V. F. Verna cum discentibus. »

Cette inscription, où le maître de l'école se recommande, lui et ses élèves, aux magistrats de la ville, se trouve écrite à la sortie de cette école. Nous avons rapporté, page 44, une autre inscription, placée sur l'album en face de cette enceinte, dans laquelle, également, un Valentinus

EXPLICATION DES PLANCHES. 59

et ses élèves se recommandent aux édiles de la république. Il est probable que Valentinus et Vernus ont été successivement maîtres de cette école, et que l'une de ces inscriptions n'a pas été effacée lorsque l'on a tracé la seconde.

L'intérieur d'une école antique est représenté, avec tous ses détails, dans une des peintures gravées de l'ouvrage sur Herculanum. On y voit des enfants, assis sous des portiques, ayant une tablette sur les genoux et occupés à lire ou à écrire. L'habitude d'écrire de la sorte sur les genoux était généralement en usage chez les Grecs, et s'est encore conservée, jusqu'à nos jours, dans tous les pays de l'Orient. Un autre usage dont la tradition y est encore également vivante, mais dont les progrès de la civilisation ont fait depuis peu justice chez nous, se trouve encore retracé sur ce tableau antique : c'est un enfant, tenu par deux de ses camarades, et battu, avec des verges, par le maître d'école.

Dans la restauration, plusieurs fois citée, de ce forum par M. Callet, cette enceinte qui forme l'emplacement de l'école, est désignée pour être la *curie*. Cet architecte transforme l'intérieur en une cour entourée de portiques, et destine le renfoncement du milieu à un *ædicula*. Il est inutile de remarquer que ni la description de Vitruve, ni l'importance et la richesse d'un tel édifice ne conviennent à cette localité. Les ruines qui nous en restent n'offrent rien, d'ailleurs, qui puisse motiver une telle disposition.

Pour terminer la description des monuments que nous avons appelés municipes, il nous reste encore à faire mention de l'édifice marqué H sur le plan général; il est désigné communément sous le nom de Panthéon.

PANTHÉON – HOSPITIUM[1].

PLANCHES XLII, XLIII, XLIV, XLV et XLVI.

Cette ruine, l'une des plus importantes du forum, est aussi une de celles dont l'ancienne destination a été le plus controversée par les savants. Les uns veulent y voir les restes d'un senaculum, destiné à la réunion des magistrats municipaux; d'autres, un hospice sacré; d'autres encore, un temple d'Auguste, ou une galerie pour les fêtes de la ville. Enfin, un des savants de l'académie de Naples, le sig. Bechi, le désigne sous le nom de *serapéo*, et promet à ce sujet une dissertation que nous n'avons pas encore pu nous procurer (2). Ce qu'il y a de certain, c'est que les dispositions principales de cet édifice, et les parties dont il se compose, sont absolument

---

(1) « Noi lo crediamo un *serapeo* e ci riserbiamo a debito luogo di scriverne le ragioni. » *Museo Borbonico*, fascicolo 6°.

(2) Constamment occupé par les travaux pratiques de notre art, éloigné des objets que nous publions, et obligé de nous en rapporter à des dessins et à des relations éparses, nous n'avons ni le temps ni les matériaux nécessaires pour traiter et apprécier, comme ils le méritent, les monuments importants découverts depuis notre absence de Pompéi. Tout en rendant justice au talent de deux jeunes architectes distingués, MM. Henri Labrouste et Guillaume Kubly, qui nous ont fourni les plans des deux monuments suivants, un coup d'œil sur les lieux nous aurait appris plus que les dessins les mieux exécutés, les relations les plus détaillées. A ces désavantages se rattachent encore les difficultés de pouvoir se procurer les divers ouvrages publiés par les savants, et surtout les savants de Naples qui, ayant constamment à leur disposition les documents les plus précieux, sont seuls à même de nous fournir les renseignements les plus exacts.

Dans cette position, nous ne pouvons que joindre nos regrets à ceux d'autres étrangers, sur la lenteur apportée à la publication de ces documents indispensables et sur les préjugés que ces retards apportent à la science et aux arts. Le gouvernement de ces pays devrait se persuader qu'une promulgation éclairée, libérale et généreuse, pourrait seule donner de la valeur aux immenses richesses amassées dans ses dépôts et journellement augmentées par de nouvelles découvertes. Sans doute, les détails contenus dans l'ouvrage sur le Musée Borbonico peuvent satisfaire, en partie, notre juste curiosité; mais les relations des fouilles, surtout des anciennes fouilles, rapportées jour par jour, avec cette simplicité et avec ces détails minutieux, dont l'honorable professeur Gérard a donné un échantillon dans les Annales de l'Institut de correspondance archéologique (1830, page 42), seraient d'une utilité bien plus générale.

30

les mêmes que celles du monument improprement appelé *Temple de Sérapis*, à Pouzzole; monument qui ne fut autre chose, comme les recherches nouvelles paraissent le prouver suffisamment, qu'un établissement de bains d'eaux thermales, consacré aux malades. L'un et l'autre de ces édifices se composent d'une cour carrée, entourée de portiques, derrière lesquels sont pratiquées, sur une des faces, un grand nombre de cellules; le centre de cette cour est occupé par une construction circulaire. Dans l'un et dans l'autre bâtiment, le milieu de la face du fond présente un sanctuaire flanqué, des deux côtés, de deux salles plus vastes; de sorte qu'on ne peut reconnaître réellement de différence entre l'édifice de Pompéi et celui de Pouzzole, si ce n'est dans l'ameublement des salles que nous venons de mentionner. Aussi sommes-nous d'avis que c'est cet ameublement qui doit principalement fixer le caractère distinctif du monument de Pouzzole, et qui peut aider aussi à lever les doutes sur la destination de celui de Pompéi.

Avant d'examiner ces détails, nous ne devons pas passer sous silence deux autres édifices d'une disposition entièrement semblable, mais d'une époque bien plus récente. Ces deux édifices, de construction arabe, se trouvent au Caire: l'un sert de couvent aux derviches; l'autre, d'hôpital pour les malades. Ils se composent, de même que les deux monuments antiques, d'une cour entourée de portiques et de cellules, d'un édifice circulaire au centre, d'un sanctuaire au milieu de la façade du fond, et enfin de deux grandes salles aux deux côtés de ce sanctuaire. Rien ne manque, ni dans leur composition, ni dans leur disposition, pour rendre la ressemblance parfaite; les boutiques percées sur la face principale, à droite et à gauche de l'entrée de l'édifice, s'y retrouvent même. La différence réelle consiste encore ici comme aux précédents monuments, uniquement dans des détails et dans la destination des diverses pièces dont ils se composent. Par exemple, la construction circulaire ou octogone, au centre de la cour du couvent des derviches, est un kiosque couvert qui entoure une fontaine servant de bassin pour les ablutions; et dans l'hôpital, ce kiosque sert d'oratoire où les convalescents font la prière, aux différentes heures de la journée. Dans l'un et dans l'autre édifice, les deux salles, aux deux côtés du sanctuaire du fond de la cour, forment des salles d'infirmerie (1).

Nous avons donc quatre édifices semblables, d'une époque différente, et, parmi eux, trois dont la destination est connue. Malgré cette circonstance, si heureuse et si rare, l'explication du quatrième ne laisse pas d'offrir d'assez grandes difficultés. Si j'osais m'abandonner à ce qui est chez moi plutôt un sentiment qu'une opinion arrêtée, je citerais un cinquième genre d'édifice auquel les dispositions de celui de Pompéi s'adapteraient peut-être plus facilement. Je veux parler des caravansérails de l'Égypte, sortes d'hôtelleries où les étrangers sont reçus et traités aux frais publics. Du temps des empereurs, Rome possédait des établissements de ce genre; nous n'en connaissons pas dans les provinces, mais nous savons que la coutume de cette hospitalité publique s'est maintenue jusqu'aux temps modernes : de nos jours, elle est encore d'un usage sacré dans tout l'Orient. Cet édifice pouvait donc être destiné à loger les magistrats romains lors de leur passage, et rien, ni dans ses dispositions, ni dans sa décoration, ne serait contraire à cette supposition, que du reste nous n'exprimons qu'avec une extrême réserve. Avant d'exposer nos motifs à cet égard, nous examinerons les différentes opinions qui ont été émises jusqu'à ce jour sur l'usage présumé de cet édifice.

Dès sa découverte, qui eut lieu dans les années 1821 et 1822, ce monument fut appelé *le Panthéon*, parce qu'on supposa que les douze piédestaux placés en cercle au milieu de la cour étaient anciennement surmontés des statues des douze divinités principales. Cette opinion, basée

---

(1) M. Gell, dans son excellent ouvrage sur Pompéi, dit, à l'occasion du monument qui nous occupe, qu'un édifice semblable, décrit par Pausanias, se trouvait à Épidaure, et que les malades y attendaient, dans la partie circulaire, le moment d'entrer aux bains. Mais cette description de l'auteur ancien est malheureusement trop peu détaillée pour constater une ressemblance entre le monument grec et celui de Pompéi.

sur des fondements aussi légers, et avec laquelle rien dans le décor, ni dans les dispositions du reste de l'édifice, ne pouvait s'accorder, fut bientôt abandonnée par les savants, quoique la dénomination même soit restée jusqu'à nos jours : aussi les auteurs qui ont décrit ces ruines se sont attachés plutôt à en rechercher l'ancienne destination qu'à lui restituer son véritable nom. C'est avec cette sage réserve que M. Gell a traité ce sujet. Sans donner un nom positif à cet édifice, il pense cependant qu'il peut avoir été destiné aux festins en général; comme, par exemple, à l'occasion de l'enterrement d'un grand personnage, de sacrifices publics ou d'un grand événement politique; et sous ce rapport l'opinion de ce savant artiste s'accorde assez avec celle de M. Bonnucci, qui, par des motifs très-plausibles, désignant ces ruines sous le nom de *temple d'Auguste*, dit qu'on pourrait les appeler en même temps *la galerie des fêtes des Pompéiens*. En effet, la grande quantité de comestibles et de vases représentés sur toutes ses parties, et en même temps la richesse de son décor, donnent à cet édifice un air de fête bien propre à appuyer cette opinion. Mais quelle est la partie de cet édifice où l'on suppose que pouvaient avoir eu lieu ces fêtes, *consistant principalement en banquets?* La pièce du fond, au milieu, était, selon M. Bonnucci, la tribune, le sanctuaire; dans l'espace à gauche se faisaient les sacrifices, et dans celui à droite on découpait les victimes et on en distribuait la viande au peuple. Les douze piédestaux au milieu de la cour, toujours d'après la même autorité, supportaient une légère couverture en bois sous laquelle se préparaient et d'où l'on distribuait les mets : *c'était une espèce de petite cuisine* : enfin, les onze cabinets devaient être conservés pour y placer les tables des principaux citoyens. Après le portique servant de communication, il ne restait donc plus d'espace disponible pour célébrer ces fêtes supposées, et les banquets publics se réduisaient à quelques cabinets *particuliers* à peine assez grands pour contenir chacun une table de trois à quatre personnes au plus! Il faut avouer que les grands seigneurs de ce pays et de ce temps, qui aimaient tant le grand air, devaient se trouver bien à l'étroit dans de tels espaces, et surtout bien peu à leur aise en face des fumées d'une cuisine.

Nous nous faisons une idée trop différente de ces fêtes solennelles pour croire qu'elles puissent avoir eu lieu dans une enceinte si resserrée, et nous préférons de beaucoup la seconde hypothèse, du même auteur, qui pense que cet édifice fut en même temps un temple dédié à Auguste. A ce sujet, M. Bonnucci parle du témoignage de Vitruve, qui place un temple semblable dans le forum de Fano, et de la *quantité* d'inscriptions trouvées à Pompéi, qui font mention des *augustali*, sorte de prêtres préposés aux solennités sacrées d'Auguste. C'est d'après cette opinion qu'un auteur anglais suppose, avec beaucoup de vraisemblance, que les cabinets en question ont pu servir de logements à ces prêtres, et l'espace garni de tables, à droite du sanctuaire, de réfectoire.

Quant au témoignage de Vitruve, il prouve seulement qu'on pouvait placer un temple dédié à Auguste dans le forum aussi bien que partout ailleurs; et quant au grand nombre prétendu d'inscriptions, on n'en cite qu'une seule trouvée non loin de l'entrée principale de notre monument, c'est-à-dire sur la place du forum. Elle pouvait par conséquent appartenir à tout autre édifice. Nous ne prétendons pas pour cela contester la dénomination de *temple d'Auguste :* nous admettons volontiers que cet édifice a pu former le collége des prêtres de cette impériale divinité, et nous n'excluons que la possibilité des fêtes et des banquets.

Voyons cependant si les différents sujets représentés sur les parois de cet édifice peuvent contribuer à éclaircir nos doutes sur sa destination. Parmi les tableaux représentant des scènes de la mythologie, nous citerons :

Frixus sur le bélier (1), tableau peint dans l'intérieur du portique; Ulysse et Pénélope; Étra

(1) La description et la gravure de ce tableau se trouvent, planche 19, livraison 6, de l'ouvrage du Musée Borbonico.

et Thésée découvrant l'épée d'Égée (1); Romulus et Rémus (2); l'Amour et Psyché; une Bacchante; un guerrier couronné par la Victoire (3). Parmi les sujets moins sérieux, on voit : des marines, des paysages; une chasse entre animaux, dont on admire la vie et la rapidité des mouvements (4); des génies offrant des fruits et des fleurs; des courses de chars; une cantatrice et une prêtresse (5), et enfin, parmi les peintures d'ornement ou d'arabesques, on trouve, près de la porte principale, des poissons, des dindes, des perdrix, des œufs, des fruits et des amphores (6); près de l'entrée latérale, à gauche, une chèvre, un porc, un bœuf, des vases, des cornes d'abondance avec fruits; et près de celle à droite, des quartiers de viande, des oiseaux morts, une tête de sanglier et une hache. Quelques oies et autres animaux sont peints dans les cellules, en guise d'ornements. Quant aux objets de sculpture, on a trouvé entre autres, dans l'intérieur du sanctuaire, un bras avec un globe, et deux statues en marbre, dans lesquelles les uns veulent reconnaître Néron et Messaline, les autres Druse et Livie (7).

Ce qui a beaucoup contribué, après les peintures, à faire prévaloir l'idée des festins et des banquets, et à transformer en cuisine la construction du centre de la cour, c'est, à ce qu'il parait, une assez grande quantité d'arêtes de poissons, jetées sur une espèce d'évier, et dont plusieurs amphores, qui y ont été trouvées, étaient encore remplies. Qu'on me permette à ce sujet une observation : on sait, et là-dessus tous les doutes sont levés, que le forum et la plupart de ces monuments étaient en réparation lors de l'éruption, et par suite du tremblement de terre qui eut lieu quelques années auparavant. Il est encore prouvé, de plus, que les malheureux habitants de la cité ensevelie firent faire des fouilles après cette catastrophe, pour rechercher, sous les décombres, les objets précieux qu'ils purent en arracher. Or, ne se pourrait-il pas qu'à l'une ou à l'autre de ces époques, les ouvriers, qui durent être en assez grand nombre, eussent fait leurs repas dans le lieu de leurs travaux, et précisément à l'endroit où se fit la découverte en question? Cette considération nous fait penser qu'il serait prudent de n'accueillir qu'avec une grande circonspection des témoignages de ce genre. Ne sait-on pas d'ailleurs que le poisson salé, ou desséché, était et est encore actuellement un des aliments principaux du pauvre, surtout dans les villes maritimes (8)? et si ces restes étaient des débris d'un repas public, n'est-il pas à présumer qu'on y aurait découvert d'autres ossements que des arêtes de poissons? Quoi qu'il en soit, nous pouvons difficilement prendre au sérieux la proposition de faire une cuisine du lieu le plus apparent, le plus central d'un édifice aussi riche, et de voir, dans une rangée de piédestaux anciennement recouverts de marbre, les bases d'une construction toujours subordonnée, et reléguée ordinairement dans les parties les plus obscures. Toutes ces considérations nous portent à voir dans ces ruines, ou les restes d'un collége, avec la demeure des prêtres qui y étaient attachés, ou de préférence, celles d'un *hospitium* pour la réception des magistrats étrangers de distinction.

La planche 42 donne la vue générale de l'état actuel de cet édifice. On y remarquera le soin que l'administration des fouilles a pris de garnir les murs d'un chaperon en tuiles, pour conserver autant que possible les précieuses peintures dont ils sont couverts.

(1) Pompei descritta da C. Bonnucci, 1827.
(2) Museo Borbonico.
(3) *Idem*, pl. 19, liv. 14.
(4) *Idem*, pl. 20, liv. 6.
(5) *Idem*, pl. 5 et 6, liv. 9.
(6) Dans une des maisons de Pompéi, on a découvert deux vases en verre contenant des olives dans de l'huile, parfaitement conservées depuis dix-huit siècles. Il résulte de l'examen qu'en a fait le professeur Covelli, que ces olives, cueillies sous Titus, sont souples et moelleuses, et conservent encore la couleur, l'odeur et le goût un peu fort des olives de notre temps. Voir ce rapport dans le Journal des excavations, Musée Borbonico, liv. 12, pag. 5.
(7) *Idem*, pl. 37 et 38, liv. 11.
(8) Pompéi ainsi qu'Herculanum étaient ports de mer.

EXPLICATION DES PLANCHES. 63

Planche 43. La façade de l'entrée principale C, donnant sur le portique B du forum, se compose de deux portes ayant une niche au milieu. Près de cette entrée, on a découvert un chapiteau en marbre, orné d'un aigle, qui paraît avoir appartenu à l'une des deux colonnes de cette niche. Plusieurs boutiques sont placées à droite et à gauche, et dans l'une d'elles furent trouvées 93 pièces de monnaie. C'est sans doute cette circonstance qui a fait présumer que c'étaient les boutiques des changeurs de monnaie qui, comme on sait, avaient ordinairement leurs échoppes sur le forum. L'intérieur de l'édifice est formé d'un carré long, anciennement entouré de portiques D à colonnes, et dont quelques pierres de fondation indiquent les traces. Onze cellules E, chacune de 2 mèt. 50 cent. de large, sur 3 mètres 65 cent. de long, sont rangées sur la face à droite et ont dû servir de chambres à coucher (*hospitalia cubicula*) aux étrangers. Des trous de solives sur les piliers de face et dans les murs de refend intérieur attestent l'existence d'une galerie en bois et d'un étage supérieur, quoiqu'on ne découvre nulle part les traces de l'escalier qui pouvait y conduire : la petite construction sous le portique à gauche n'a pu servir à cet usage, ni l'escalier marqué P ayant son entrée sur la rue, et faisant partie des quatre escaliers conduisant aux portiques supérieurs du forum, ainsi que nous l'avons déjà dit. Un pareil nombre de boutiques, N, ouvertes sur la rue, occupent le côté gauche; une entrée au milieu, M, communique avec l'intérieur de l'édifice.

On a trouvé dans ces boutiques, la plupart ornées de peintures, quantité de comestibles, comme lentilles, figues, prunes, châtaignes et autres fruits, dans des vases de verre; des fragments de pâtisseries et du pain; un petit peson, des balances et beaucoup de monnaie. Dans d'autres, on a trouvé des ustensiles, des instruments à vent, des bijouteries, et parmi ces objets précieux, une petite statue d'une Renommée ailée, en bronze, d'un grand fini, ayant des bracelets en or (1). Sur un socle F, élevé de quelques centimètres au-dessus du sol de la cour, se trouvent rangés en cercle les douze piédestaux qui ont donné lieu à tant de conjectures. C'est la saillie de la base de ces piédestaux qui nous a fait présumer, comme nous l'avons dit, qu'ils ont dû être revêtus de marbre. On n'y remarque du reste ni trous de goujons, ni autres indices de ce genre, à l'appui des divers ajustements dont on les a gratifiés; et il est présumable que le véritable but de cette construction restera toujours inconnu, si quelque chose d'analogue, dans les découvertes à venir, ne vient nous fournir de nouvelles lumières. Nous remarquons, comme une autre singularité, difficile à expliquer, que le plateau qui porte les piédestaux ne se trouve pas au milieu du carré de la cour, ni dans l'axe de l'entrée latérale, ni dans celle des cellules.

Le milieu du fond de l'édifice est occupé par une espèce de chapelle (*ædicula*) G, composée d'un porche et d'un sanctuaire auquel on monte par cinq degrés. Le pourtour de l'intérieur est garni d'un piédestal et de quatre niches. C'est là qu'on a découvert le bras tenant un globe, fragment que l'on suppose avoir appartenu à une statue d'empereur. Deux statues en marbre, de grandeur naturelle, et qui ornaient sans doute deux des niches, y ont été trouvées couchées par terre. Dans l'une, les savants ont voulu reconnaître *Livia*, prêtresse d'Auguste (2); vêtue d'une longue tunique, couverte d'un voile richement plissé, la tête ceinte d'une couronne, et tenant dans sa main gauche un vase d'encens, elle semble s'apprêter au sacrifice. La chevelure et les grains d'encens conservent encore une teinte jaunâtre qui fait présumer qu'ils ont dû être dorés. Le style de cette statue, à laquelle il ne manque que le bras droit, indique la belle époque d'Auguste. La seconde, qu'on suppose être celle de Drusus, est moins importante sous le rapport de l'art; le corps est entièrement nu, à l'exception d'une petite draperie sur laquelle on reconnaît encore les traces d'une couleur rouge.

(1) Voir l'ouvrage cité de M. Bonnucci, page 172.
(2) Voir la gravure des deux statues, planches 37 et 38, liv. 2 du Musée Borbonico.

L'espace I à gauche du sanctuaire est occupé par une espèce de tabernacle, K, élevé de quelques degrés au-dessus du sol. Un autel isolé, sur lequel on suppose que se faisaient les sacrifices, est placé au-devant.

L'espace marqué H est garni d'une table sur trois faces, ce qui a donné lieu aux diverses interprétations que nous avons précédemment rapportées. La présence du caniveau en marbre qui circule autour de cette table, et qui a un embranchement vers la rue, est assez favorable à l'opinion de ceux qui veulent faire de cette pièce une espèce de boucherie où la viande des sacrifices aurait été exposée, soit pour la vente, soit pour la distribution au peuple. Nous avouons qu'une telle explication nous répugne, malgré toutes ses apparences de vérité, et que nous préférerions y voir un réfectoire, si, d'un côté, l'espace entre la table et le mur n'était pas si limité : il n'a que trois pieds de large. Sur le haut du tableau qui décore cette pièce, et que nous reproduisons, planche 46, un des panneaux représente des vases placés dessus et devant une table qui a beaucoup de ressemblance avec celle de la pièce dont nous nous occupons. Malheureusement le coloris a disparu, et avec lui une preuve de plus en faveur de notre conjecture.

Immédiatement à côté de cette pièce se trouve une troisième entrée, L, qui donne sur une petite rue formant impasse.

La première figure de la *planche* 44 indique la coupe en long sur le sanctuaire G, et représente en grand la face de quelques-unes des cellules E. Le stuc qui recouvre les pilastres du porche de ce sanctuaire, est conservé jusqu'à la hauteur des chapiteaux, et détermine ainsi la hauteur primitive de cet ordre. Les trous percés dans les pilastres des cellules se trouvent à 2 mèt. 30 cent. du sol, et par conséquent à une élévation qui permet tout juste de passer sous la galerie en bois qu'on suppose y avoir existé (1). Les trous des solives formant le plancher intérieur des cellules se trouvent à 2 mèt. 90 cent. du sol; ce qui donne à ces chambres une élévation de 8 pieds 9 à 10 pouces sous plancher. On remarque sur le mur en face des traces d'enduits et de peintures à une hauteur de 16 pieds environ.

La seconde figure de la même planche donne l'élévation de la façade du fond, avec l'indication de l'état des peintures, la hauteur réciproque des murs et la nature de leur construction. L'échelle de cette planche est de dix mill. pour mètre.

Planche 45. Les fig. I et II présentent les coupes sur la largeur et la longueur des cellules, avec l'indication des trous de solives, de la pente du sol vers la rue et le décor. La fig. III indique la peinture d'une des faces latérales du porche du sanctuaire. On y voit une de ces représentations dont il est fait mention page 39 du 2ᵉ volume de cet ouvrage. La peinture, fig. IV, n'a pas besoin de commentaire. L'échelle de cette planche est de 25 mill. pour mètre.

Planche 46. Pour se rendre compte de l'effet que devait produire l'ensemble de cette peinture, il faut considérer que cette grande page, si riche en détails, si variée dans ses dispositions, n'est encore qu'un fragment, qu'une portion de ce décor charmant qui couvre tous les pourtours des murs de ce monument. Les grands panneaux, dont la couleur noire et sévère est relevée par les sujets historiques qui se détachent au milieu, et par des ornements en broderie, très-délicats, s'y répètent alternativement, séparés par un ajustement de pilastres et de colonnes. Le jour qu'on voit à travers ces colonnes légères et ces portiques superposés en perspective, est surtout d'un effet heureux, et donne à ce décor une légèreté et une grace toute particulière; c'est sans doute une des plus belles, des plus riches compositions que l'antiquité nous ait léguées, et dont malheureusement la gravure la plus soignée ne pourra donner qu'une idée très-imparfaite. Ici,

---

(1) La cote du dessin que j'ai sous les yeux donne à ces trous une profondeur de 0,80 c. N'ayant pas vu moi-même cet édifice entièrement déblayé, je ne peux juger s'il y a erreur dans cette mesure, quoique cette profondeur n'ait rien d'extraordinaire dans le cas supposé que ces trous auraient supporté les solives en encorbellement de cette galerie.

comme dans tous les ajustements de ce genre, le même principe de disposition est observé : la hauteur totale de la pièce est divisée en trois parties ; le soubassement est toujours d'une couleur ferme, d'un ton soutenu ; les panneaux sont ordinairement moins vigoureux ; la couleur de la frise est constamment légère, claire, ainsi que les plafonds, dont nous voyons quelques rares exemples dans la maison de campagne publiée dans le second volume. La mosaïque du sol, formant tapis, l'emporte toujours sur le reste par la vigueur de sa couleur et l'uniformité de ses masses.

La peinture est ordinairement peu finie et traitée avec plus de hardiesse que de correction : elle est en ce point semblable à nos peintures de décorations de théâtre. Le modelé est souvent produit par des hachures, la manière en est toujours grande et la touche facile.

En examinant les détails, nous y trouvons du goût, de la finesse, souvent un soin extrême d'exécution et toujours une imagination riche qui ne permettait jamais les répétitions. Voyons, par exemple, le sujet peint au milieu d'un des panneaux noirs : rien de plus gracieux que l'ajustement de ces deux figurines. C'est sans doute une victoire, une apothéose, ou ce que l'on voudra : les érudits discuteront à ce sujet (1) : pour nous, il nous suffit d'en admirer la composition, le charme de la légèreté aérienne, et le génie de l'artiste qui a su la créer. Il en est de même de la figure assise au bas du soubassement : le peintre n'ayant pas eu d'autre pensée que de suivre sa fantaisie féconde, nous a donné, sans le vouloir, un des plus jolis motifs, et un motif original, pour la pose d'un portrait de femme. La même variété, produit de l'imagination la plus ingénieuse et la plus riche, se fait remarquer dans les figures en pied qui se détachent sur un fond clair, sous les portiques peints. Les unes portent les attributs de la guerre, de la musique, de la peinture ; d'autres font l'office de prêtresses, ou posent dans une attitude théâtrale ; mais toutes sont drapées avec art et se montrent pleines de vie et d'expression.

Que dirons-nous de l'ensemble des couleurs, toujours assorties avec bonheur, toujours si pleines d'harmonie ? Nous qui sommes habitués aux roses et aux gris-perle de nos papiers de tenture, nous pouvons difficilement nous accommoder de ces tons vigoureux rouges et noirs. Mais ce goût des belles couleurs, dont la nature nous donne le premier exemple, reviendra, et nous ne désespérons pas de les voir un jour remplacer la teinte poudreuse qui couvre nos monuments publics (2).

Avant de quitter cette peinture, nous ne devons pas oublier de mentionner les petits tableaux encadrés, figurés de distance en distance entre les entrecolonnements des portiques en perspective, et qui ne paraissent là que pour augmenter la richesse du décor et captiver l'imagination du spectateur.

Ces tableaux, légèrement mais spirituellement esquissés, représentent des combats sur mer, des paysages ornés de fabriques ou d'autres sujets pittoresques. L'exécution a tant de vague dans le dessin, qu'il est souvent difficile d'en reconnaître et d'en examiner les détails. Sur l'un d'eux (toujours planche 46), on voit une galère qui en attaque une autre. Elle exécute l'abordage en dirigeant son éperon d'airain sur le flanc du vaisseau ennemi, dont elle paralyse le mouvement en écartant les rames avec sa proue. Sa position de profil la garantit en partie des traits qui lui sont lancés, tandis que son adversaire est exposé à tous les siens. Cette manœuvre

---

(1) Voir l'ingénieuse interprétation de cette figure par le savant docteur Welker, Bulletin de l'Institut de corresp. arch. 1833, pag. 135 ; et une autre, pag. 3, liv. VI du Musée Borbonico.

(2) Le voyageur qui, le premier, eut le mérite de donner au public des notions exactes sur la peinture appliquée aux monuments antiques, est M. Cockerell, architecte anglais. Une fois l'attention des artistes éveillée sur cette partie si importante de l'art, les découvertes se succédèrent rapidement, et bientôt nous acquerrons les preuves certaines qu'aucun des édifices anciens ne fut privé de ce merveilleux ornement. Voir, à ce sujet, les recherches de M. Hittorf, sur l'architecture polychrome chez les Grecs, ainsi que la dissertation intéressante de M. Semper : Bemerkungen über vielfarbige Architectur und Sculptur bei den Alten.

si avantageuse et si simple a dû nécessairement lui assurer la victoire. Le mouvement des deux galères du second tableau, à peu près semblable, nous fait croire que cette manœuvre était la tactique ordinaire du temps.

Un autre petit tableau, à droite du spectateur, représente un paysage traversé par une rivière sur laquelle est jeté un pont.

Les petites fabriques, pittoresquement disposées et groupées, ont un intérêt particulier pour l'architecte : il y trouve une infinité de détails inconnus, et qui lui sont souvent utiles dans les ajustements et dans l'ordonnance, lorsqu'il s'agit de restaurer des édifices antiques. Le haut de cette peinture, formant la frise, est divisé en compartiments dans lesquels sont figurés des poulets d'Inde, des oies, du gibier, et des ustensiles de toute espèce, mais dont le coloris, comme nous l'avons observé, a souffert par l'humidité et la proximité de la surface du sol (1).

Nous aurions pu mettre sous les yeux des lecteurs la reproduction d'une quantité d'autres tableaux aussi intéressants, si nous n'avions pas craint de sortir des limites que nous nous sommes tracées dans cette publication. D'ailleurs la plupart de ces tableaux sont déjà gravés et publiés dans d'excellents ouvrages qui se sont occupés spécialement des sujets mythologiques et historiques de ces peintures (2). Nous nous contenterons donc d'en citer quelques-uns, autant, du moins, qu'ils aideront à éclaircir les doutes sur la destination de l'édifice qui nous occupe. De ce nombre sont évidemment les jolies peintures représentant des scènes de la vie domestique ou puisées dans les mœurs et les coutumes privées de l'époque. Non seulement les ruines de Pompéi, mais des monuments d'autres pays encore, et principalement ceux de l'Égypte, nous offrent une foule d'exemples de ce genre, qui nous mettent à même de deviner la destination de ces édifices, et en même temps de juger de l'état des arts mécaniques et de l'industrie dans ces temps reculés. Tous les genres de professions y passent en revue, avec la différence, que les Égyptiens les figuraient matériellement; tandis que chez les Grecs et les Romains, où toutes les actions de la vie étaient immédiatement liées à la religion, on les trouve empreintes de cette poésie, de ce charme et de cette élévation de pensée que la religion seule peut inspirer. L'édifice qui nous occupe en offre plusieurs exemples : on y voit, entre autres, deux tableaux représentant, l'un, un atelier de fleuristes, l'autre, l'intérieur d'un moulin à blé, où les ouvriers ordinaires sont remplacés par une infinité de petits génies ailés qui, en se jouant du travail, semblent en adoucir les fatigues et l'ennoblir par leur présence. C'est ainsi, qu'en mettant le ciel en contact avec les choses de la terre, les anciens savaient donner à toutes les actions de la vie un but moral et utile.

Puisque nous nous sommes tant occupés de peinture, le lecteur ne sera peut-être pas fâché d'être introduit dans un atelier antique, et de faire connaissance avec un de ces artistes qui nous a produit tant et de si précieux ouvrages, d'autant que cet artiste est une femme jeune et jolie. Dans ce tableau gracieux on la voit occupée à copier une statue hermès devant laquelle elle est assise. Sa main gauche tient quelque chose qui ressemble à une palette ; de l'autre elle trempe son pinceau dans une boîte à couleurs posée, à côté d'elle, sur un fût de colonne. La toile (3) sur laquelle on voit la figure peinte, est à ses pieds, et, à défaut de chevalet, c'est un petit garçon qui semble la tenir. Un autre petit tableau, représentant la même statue, est accroché à l'un des piliers du porche qui forme le fond de cet atelier; on y voit encore dessinés d'autres sujets. Deux

---

(1) On a reconnu dans une des nouvelles découvertes faites à Pompéi, que des murs de pierres de tuf étaient recouverts, sous l'enduit, et dans une hauteur de sept pieds à partir du sol, de tables en plomb, attachées par des clous en fer; c'était sans doute pour garantir la peinture de l'influence de l'humidité.

(2) Parmi eux nous placerons, en première ligne, celui de MM. Raoul-Rochette et Bouchet : Pompéi, Choix des édifices inédits, Paris, 1838. Malheureusement cet ouvrage est resté jusqu'ici (1835) à sa troisième livraison. L'intérêt du texte, traité par le savant académicien, aussi bien que la beauté des planches d'après les dessins de l'habile architecte, font doublement regretter cette interruption.

(3) Ce n'est pas sans dessein que nous nous servons de cette expression, car ce petit tableau représente parfaitement *une toile* tendue sur un châssis, très-mince, en bois. Si c'était *un panneau*, à quoi aurait servi le châssis? les panneaux en bois n'en ont pas besoin.

femmes, richement habillées, regardent avec attention la jeune artiste, en se tenant discrètement à distance derrière un de ces piliers. Dans cette jolie composition, il ne manque aucune des parties essentielles qui forment d'ordinaire l'ameublement de nos ateliers modernes, à la seule exception du chevalet. Ce qui peut motiver l'absence du chevalet, c'est la rareté, dans ce temps, des tableaux isolés ou détachés, et l'usage général de peindre sur les murs mêmes des édifices (1). La peinture, chez les anciens, était toute monumentale; elle faisait, avec la sculpture, partie essentielle de l'architecture, à laquelle l'une et l'autre furent constamment subordonnées. Aussi voyons-nous avec plaisir se reproduire chez nous cette même tendance, du moins pour ce qui concerne le décor de nos édifices publics : c'est l'architecte qui fixe l'emplacement, les dimensions, l'encadrement des peintures et sculptures; c'est ainsi que dans les monuments on peut produire un ensemble harmonieux (2).

BAIN PUBLIC – BALNEUM,

DÉCOUVERT EN 1826 ET ENTIÈREMENT DÉBLAYÉ EN 1828.

PLANCHES XLVII, XLVIII, XLIX et L.

« C'est de la maison de campagne même de Scipion l'Africain que je vous écris cette lettre. Ici, je vois une ville bâtie en pierres de taille, environnée d'un mur qui entourait une forêt, et flanquée de tours servant de fortifications. Sous la maison, on trouve une citerne ombragée, qui suffirait aux besoins d'une armée entière, et un bain étroit et obscur; car nos ancêtres s'imaginaient qu'un bain ne pouvait être chaud quand l'obscurité n'y régnait pas.

« Que je me plais à comparer les mœurs de Scipion avec les nôtres! Lui, la terreur de Carthage, le héros à qui Rome doit de n'avoir été prise qu'une seule fois, baignait, dans ce réduit, son corps fatigué des travaux champêtres : voilà donc la vile demeure qu'il habitait! ce sol chétif qu'il foulait de ses pieds! Eh bien! qui voudrait aujourd'hui se baigner dans un pareil lieu? On se croit pauvre et méprisable si l'on ne marche sur les mosaïques et les marbres les plus précieux; si les marbres d'Alexandrie ne portent des incrustations de marbres de Numidie, entourées de bordures brillantes, imitant à grands frais la peinture; si le plafond n'est lambrissé de verre; si les baignoires ne sont entourées de pierres de Phasus, rareté que montraient à peine autrefois quelques temples; si l'eau enfin ne s'écoule par des robinets d'argent.

« Je ne parle ici que des bains à l'usage du peuple : que n'aurais-je point à dire sur ceux de nos affranchis! Quelle profusion de statues! quelle profusion de colonnes qui ne soutiennent rien, et que le luxe n'y a prodiguées que comme un vain ornement! Avec quel fracas l'eau y coule en cascades! Ce luxe est parvenu au point que nos pieds délicats ne veulent plus fouler que des pierres précieuses.

« Au lieu de fenêtres, le bain de Scipion n'a que des fentes pratiquées dans le mur en pierre, qui, sans nuire à la solidité, y introduisent la lumière nécessaire. Aujourd'hui l'on se croirait dans un cachot, si la salle de bain ne recevait le soleil pendant toute la journée par de larges fenêtres; si l'on ne se hâlait en même temps qu'on se baigne; si de la cuve on n'apercevait la

---

(1) Cependant on a trouvé à Pompéi, comme nous l'apprend M. le ch. de Jorio, sur les murs de la maison de Castor et Pollux, ainsi que dans la maison du chirurgien, des restes d'encadrements destinés à recevoir des tableaux portatifs.
(2) Voy. Museo Borbonico, vol. VII, pl. 3, pour la peinture en question.

campagne et la mer. Aussi les établissements de bains qui, lors de leur ouverture, avaient attiré la foule et excité l'admiration, sont regardés aujourd'hui comme d'un goût suranné, dès que le luxe parvient à se surmonter lui-même par de nouvelles inventions.

« Autrefois les établissements de bains étaient en petit nombre et sans ornements : pourquoi, en effet, aurait-on embelli des lieux où l'on était admis pour un *quadrans* (à peu près la valeur d'un liard de notre monnaie), des lieux destinés au besoin et non à l'agrément? L'eau n'y était pas continuellement renouvelée, et elle ne s'écoulait pas comme d'une source chaude ; on ne regardait pas comme essentielle la clarté de l'eau dans laquelle on venait ressuyer ses sueurs. Mais aussi quelle satisfaction d'entrer dans ces bains ténébreux, couverts d'un enduit grossier, et auxquels on savait que présidaient, comme édiles, un Caton, un Fabius Maximus, ou l'un des Cornélius! car ces hommes-là regardaient comme un devoir de leurs fonctions de visiter les lieux destinés à l'usage du peuple, de veiller à leur propreté, d'y entretenir une température utile et salubre, et non pas, comme maintenant, une chaleur si brûlante, qu'un esclave convaincu de crime, condamné à la supporter, y subirait sa peine, tant il y a peu de différence entre un bain chaud et un bain d'eau bouillante. Combien, de nos jours, Scipion nous paraîtrait grossier de n'avoir pas introduit par de larges vitres la lumière dans ses étuves, et de ne s'être pas exposé à toute l'ardeur du soleil! Il est vrai qu'il ne se baignait pas toujours dans une eau limpide; que souvent elle était trouble, et même bourbeuse dans les temps de pluie : mais il ne s'en embarrassait guère : il venait y laver sa sueur et non pas ses parfums.

« — Je n'envie guère le sort de votre Scipion, dirait-on aujourd'hui : il n'y a vraiment qu'un exilé qui puisse se baigner de cette manière. — Mais je vous dirai plus encore : il ne se baignait pas tous les jours. S'il faut en croire les écrivains qui nous ont transmis les anciens usages de Rome, on ne se lavait tous les jours que les bras et les jambes, auxquels les travaux journaliers avaient pu faire contracter quelque malpropreté; l'ablution du corps entier n'avait lieu qu'à chaque jour de marché. — Il faut en convenir, on était bien malpropre! — Mais de quoi croyez-vous que se sentait le Romain d'alors? de la guerre, du travail, comme il convient à un homme. Depuis l'introduction des bains de propreté, on est devenu malpropre. Que dit Horace pour peindre un homme débauché et décrié? il dit qu'il sent les parfums. Encore, il ne suffit pas maintenant de se parfumer, il faut renouveler deux fois, trois fois par jour ces parfums pour les empêcher de s'évaporer, et on a la vanité de se glorifier d'un odorat emprunté! »

Après tout ce qui a été dit sur les bains des anciens, nous avons cru ne pouvoir donner une idée plus exacte, un tableau plus vrai de ces établissements et des habitudes qui s'y rattachaient, que de rapporter en entier cette lettre de Sénèque (1). Rien n'y est exagéré, si nous en jugeons d'après les ruines parvenues jusqu'à nous; au contraire, ce luxe effréné, que le philosophe censure avec raison, augmenta encore dans la suite, et ne cessa qu'avec la décadence de l'empire. Non seulement en Italie, mais chez toutes les nations où domina le sceptre de Rome, se retrouvent, de préférence à d'autres édifices, des traces de ces thermes plus ou moins somptueux. Nous avons cru devoir joindre à notre ouvrage ceux de Pompéi, quoique illustrés déjà par tant de publications savantes (2), afin de compléter la série de tous les genres d'édifices de cette ville célèbre. Nous renvoyons donc aux ouvrages précités pour tout ce qui a rapport aux bains en général, et nous nous contentons de n'ajouter que peu d'observations sur un édifice que nous n'avons pu examiner nous-même. Nous avouons encore que les dessins que nous publions

---

(1) Sénèque, Epist. LXXXVI.
(2) Par MM. Gell, Donaldson, Bruloff, Bonnucci, De Jorio, et en dernier lieu par les auteurs du Musée Borbonico. Dans cette occasion nous ne devons pas oublier un autre ouvrage de ce genre, remarquable par son importance, son intérêt et le talent qu'a déployé son auteur : nous voulons parler de la *Restauration des Thermes de Caracalla*, par A. Blouet, Paris, 1828, chez Firmin Didot.

EXPLICATION DES PLANCHES.

ne sont pas aussi complets que nous l'aurions désiré, et bien des détails paraissent avoir échappé à l'artiste, d'ailleurs si habile, qui nous les a fournis.

Ces thermes ou bains occupaient tout l'espace d'une ile, *insula*, entourée de rues sur quatre faces, et située immédiatement près du forum. Cette position centrale, dans l'endroit apparemment le plus peuplé et où le terrain devait être rare et cher, explique l'exiguïté de cet établissement : aussi ne contient-il que les pièces les plus indispensables à l'usage ordinaire. Il faut espérer que la suite des fouilles fera découvrir quelque construction de ce genre plus complète, ces sortes d'établissements étant ordinairement relégués aux extrémités de la ville, à cause de leur grande étendue. Celle dite de Julia-Felix, découverte en 1755, près de l'amphithéâtre, en est un exemple, et une inscription en marbre, trouvée précédemment, nous confirme dans cette espérance (1).

THERMAE
M · CRASSI · FRVGI ·
AQVA · MARINA · ET · BALN
AQVA · DVLCI · IANVARIVS · L

« *Thermes d'eau de mer, et bains d'eau douce, de Marcus Crassus Frugius Januarius affranchi.* »

Plusieurs auteurs paraissent supposer que les thermes étaient des édifices consacrés aux bains publics, et que le mot *balneum* ne s'appliquait qu'à des bains particuliers ou privés. Cependant Pline appelle *balnea meritoria*, les bains qu'on trouvait à louer lorsque l'arrivée imprévue d'un ami, ou son séjour trop court, empêchaient de chauffer le bain de la maison. Nous voyons de même que l'établissement de bains, offert en location dans l'inscription de *Julia-Felix*, y est désigné par *balneum* et non pas par *thermæ*, quoiqu'on ne peut pas supposer que ce fussent des bains particuliers. Nous sommes donc d'avis que cette dernière expression est une application trop pompeuse aux ruines qui nous occupent, et qu'elle doit être réservée pour ces grands édifices, comme ceux de Rome, qui ne se composaient pas seulement de bains, mais où l'on trouvait des gymnases, des promenades, des bibliothèques, et tout ce qui est nécessaire à l'exercice du corps

---

(1) Voyez le plan et la description de la maison dite de *Julia-Felix*, dans les Annales de l'Institut archéologique, 1830, page 42, pl. XVI, et page 101 de la deuxième partie de notre ouvrage, où est rapportée l'inscription curieuse découverte dans ces ruines. Cette inscription est une espèce d'affiche par laquelle la propriétaire offre en location, pour cinq années consécutives, « un bain, un venereum et neuf cents boutiques, treilles, chambres, etc., etc., etc. »

Le mot *nongentum*, indiquant l'immense nombre de boutiques, a singulièrement choqué les savants qui se sont occupés de cette inscription, et Mazois aussi avoue qu'il n'admet qu'à regret une interprétation qui accorde, à une seule personne, la possession de neuf cents boutiques dans une ville où il en suppose à peine douze cents; et il ajoute que c'est certainement quatre-vingt-dix qu'on a voulu dire.

Nous ne savons pas si ces savants ont connu le plan qui nous est précieusement conservé dans l'ouvrage que nous venons de citer; mais ce plan aurait pu, selon nous, servir à éclaircir l'obscurité d'une partie de l'inscription, puisqu'il paraît figurer l'ensemble des bâtiments dont la location est énoncée par l'inscription. Celle-ci a été trouvée peinte sur le mur extérieur de la maison, à côté de l'entrée principale des bains; et comme la situation des localités n'y est pas précisée, il n'est pas douteux que l'annonce n'ait rapport qu'aux bâtiments mêmes sur lesquels elle est appliquée; d'autant plus que cette inscription se trouve placée en évidence sur la façade de l'édifice donnant sur une rue principale.

Cet édifice, comblé après les fouilles, doit avoir été situé (à en juger d'après un croquis que nous avons retrouvé parmi les dessins de notre prédécesseur) tout près de l'amphithéâtre, dans le carré marqué G sur le plan général de Bibent : espace désigné par cet auteur pour avoir contenu le marché aux animaux. La façade donnait sur la grande rue conduisant de la porte du Sarno au quartier des théâtres.

En examinant ce plan, il est aisé d'y reconnaître tout ce qui compose l'ensemble des bains dont parle l'inscription, comme le *spoliatorium*, le *tepidarium*, le *caldarium*, le *natatorium*, etc., etc.; et immédiatement derrière les bains, et en communication avec eux, se trouve une cour entourée de portiques et de chambres, ornées et disposées de manière à ne plus laisser de doute que ce ne fût l'endroit que l'inscription appelle le *venereum* : des peintures lascives et des statues, pour la plupart déposées dans les cabinets réservés du musée de Naples, en sont la preuve. Nous savons d'ailleurs que les courtisanes se tenaient et habitaient ordinairement dans le voisinage des bains publics; usage qui s'est conservé, même en France, jusqu'à la fin du dernier siècle. (Exposé de l'état des eaux publiques de Paris, par M. Girard, membre de l'Académie.) Nous ne nous dissimulons pas, au reste, que cette supposition pourrait paraître hasardée quand on considère que les chambres, et surtout les portiques de cette cour, se trouvent en communication immédiate aussi avec le bâtiment du fond, qui doit avoir été occupé par un marbrier ou un sculpteur, à en juger d'après les objets qui y furent découverts. Mais ces communications entre divers édifices sont très-fréquentes à Pompéi, et le plus souvent inexplicables. En admettant donc notre première supposition, il resterait toujours à trouver les neuf cents boutiques, nombre qui contient évidemment une erreur.

et de l'esprit (1). Nous pensons donc qu'il est préférable d'appliquer le mot bain, *balneum*, à l'établissement de Pompéi, et voici comment nous croyons pouvoir désigner les différentes parties dont il se compose :

Cet établissement se trouvant entouré de boutiques sur trois faces, et étant isolé, comme nous l'avons dit, de toutes parts, il a été aisé d'en multiplier les entrées de manière à établir des communications directes avec les quartiers environnants, et en faciliter ainsi l'accès au public. Ces entrées, ordinairement détournées, comme elles le sont encore actuellement dans les bains de l'Orient, pour intercepter le contact trop direct avec l'air extérieur, donnent sur trois rues environnantes. A côté de chacune de ces entrées se trouve un petit cabinet, désigné dans plusieurs descriptions comme ayant servi de lieux d'aisances, et que nous aurions plutôt crus destinés aux gardiens ou portiers, de préférence à des *lieux* placés immédiatement à côté d'un passage public.

A défaut de promenades, de plantations ou d'autres accessoires d'agrément, cet établissement est pourvu d'une cour entourée de portiques sur trois faces. Des siéges en maçonnerie, couverts de stuc, pourtournent le mur du midi pour la commodité de ceux qui étaient obligés d'attendre, ou de ceux que la curiosité seule attirait dans ces lieux. On y affichait, sur les colonnes et sur les murs, les annonces publiques, et c'est là que fut trouvée peinte l'annonce du combat des gladiateurs, dont nous aurons occasion de parler dans la suite. Un renfoncement, marqué I, offrait à cet effet une retraite agréable pour les causeurs, et un abri contre les rayons d'un soleil ardent : c'était l'*œcus*, l'*exedra*. D'autres veulent que cette pièce et ces banquettes aient été destinées à l'usage des esclaves; mais les esclaves étaient occupés à servir leurs maîtres, et n'avaient ni le temps ni le loisir de se promener. D'autres savants encore pensent, et M. Gell est de cet avis, que le renfoncement en question a dû être destiné au gardien du bain, *balneator*, parce qu'on y a trouvé les débris d'une épée, ainsi qu'une boîte contenant les *quadrans*, pièces de monnaie très-minces, mentionnées dans la lettre de Sénèque.

Outre l'agrément et l'utilité que présente la disposition architectonique de cette cour, nous y trouvons une nouvelle preuve (et au besoin une leçon), que les anciens savaient satisfaire aussi aux convenances, même aux dépens de la symétrie.

Cependant, ce même esprit de convenance n'aurait pas présidé à la disposition de la première pièce des bains, marquée B, s'il était vrai qu'elle eût été destinée, comme on le prétend généralement, à l'*apodyterium*, ou pièce servant au déshabillement; car, les personnes assises sur les banquettes qui pourtournent cette salle, auraient été exposées à un courant d'air, nécessairement produit par la position des deux portes d'entrée face à face. Cet inconvénient aurait été surtout préjudiciable à ceux qui s'y habillaient en sortant du bain. Pour justifier cette dénomination, on dit que les trous pratiqués au-dessus des banquettes qui pourtournent la pièce, recevaient des morceaux de bois propres à y suspendre les habillements de ceux qui entraient au bain. Mais ces trous n'existent pas au-dessus de toutes les banquettes, et nous croyons, au contraire, que ces morceaux de bois, qui ont pu y avoir été scellés, servaient plutôt à y suspendre et à y faire sécher le linge, ainsi que nous l'avons vu pratiquer dans tous les bains publics de l'Égypte. Nous présumons de là que la pièce B n'était qu'une salle d'attente, une antichambre où se tenaient les esclaves chargés du service des bains : percée de six portes, elle servait en même temps de communication avec toutes les pièces environnantes.

Dans ceux des bains de l'Orient que nous avons visités et dessinés, l'*apodyterium* des anciens et le *tepidarium* ne forment ordinairement qu'une seule pièce, pourvue de petites niches, dispo-

---

(1) C'est ainsi que furent composés les gymnases des Grecs, l'*académie* et le *lycée* d'Athènes : les bains n'y étaient qu'accessoires et ne servaient que pour rétablir les forces épuisées par les exercices; dans les thermes des Romains, au contraire, les bains étaient l'objet principal de luxe et de mollesse.

EXPLICATION DES PLANCHES.

sées à l'entour, pour y déposer les habillements. Eh bien! celle de Pompéi, marquée sur le plan par la lettre D, contient précisément une suite de cases ou niches propres à cet usage, et nous n'hésitons pas à désigner cette salle pour avoir été l'*apodyterium*, le *spoliatorium* ou salle de déshabillement : c'est là que se tenaient les *capsarii*, esclaves chargés de la garde des habits. Elle servait encore de *tepidarium* ou, comme le dit Pline, de *cella-media*, parce qu'elle se trouve entre le *frigidarium* et le *caldarium* (1). Il était donc nécessaire que l'air y fût légèrement tempéré par le feu d'un grand brasier en bronze qui y a été trouvé, pour éviter le danger d'un passage trop subit de la chaleur du caldarium à l'air du dehors. Ce brasier a dû servir aussi pour chauffer le linge et les vêtements des baigneurs. Des banquettes en bronze y étaient également disposées pour la commodité de ceux qui s'habillaient ou se déshabillaient. Les auteurs qui veulent au contraire reconnaître la salle de déshabillement dans la pièce précédente, B, sont obligés de chercher une destination à ces casiers, formés par les intervalles de la suite des cariatides, de la pièce D, et ils supposent qu'on y déposait les vases à l'huile et à parfums propres à l'usage des baigneurs. Cette supposition n'est pas admissible, car le nombre de casiers et leur dimension auraient suffi pour y déposer les huiles et les parfums d'un nombre de personnes tout à fait hors de proportion avec la petitesse des dimensions de ces bains. D'ailleurs, l'*elæothesium* ou *unctuarium*, contenant ces vases, était une pièce tout à fait à part, et, comme nous le voyons dans la peinture des bains de Titus, assez éloignée des salles chauffées, afin, sans doute, de mieux conserver les drogues qui y étaient déposées.

De la salle intermédiaire passons maintenant à la salle E, du *caldarium, sudatorium*, ou étuve. La destination générale de cette pièce n'offre aucun doute, mais celle de ses parties est plus ou moins contestée. La difficulté provient de la nécessité où l'on s'est trouvé, à cause de l'exiguïté du terrain, de réunir plusieurs services dans une seule pièce. Celle-ci paraît avoir donc été destinée au bain chaud, *calida lavatio*, à l'étuve, *concamerata sudatio*, et à ce que les Turcs appellent l'*absolution*. Cette dernière opération avait lieu dans la partie de la salle que la plupart des auteurs, en y appliquant, tant bien que mal, le texte de Vitruve, appellent *laconicum*. Quant à nous, nous préférons encore, dans cette circonstance, prendre pour guide les usages actuels des Orientaux.

Chez eux, les salles des étuves sont chauffées par la vapeur ou par une chaleur sèche; on y arrive par des corridors, également chauffés par une chaleur tempérée, après s'être déshabillé dans une première pièce, sous la coupole de laquelle se trouve ordinairement un grand bassin pour les bains froids. Le sol de l'étuve étant quelquefois suspendu et chauffé en dessous, comme les étuves antiques, le baigneur est obligé de se chausser avec une paire de socques en bois, pour préserver ses pieds de la chaleur du sol. Le milieu de cette pièce est en outre couvert de paillasses et de tapis sur lesquels le baigneur, exposé à une température extrêmement élevée, subit les opérations, plus ou moins compliquées, en usage dans ces pays. Lorsqu'il est épuisé par ce travail, et couvert de sueur, les esclaves le plongent dans une baignoire d'eau chaude, placée à l'une des extrémités de la salle, et après qu'il a subi de nouveau différentes lotions et frictions, on verse sur sa tête une quantité de l'eau froide qui sort d'un robinet élevé ou d'une fontaine jaillissante placée à l'une des parties de la même salle.

En examinant maintenant les dispositions de la salle antique de Pompéi, appelée *sudatorium*, il sera facile d'y appliquer toutes les opérations dont nous venons de donner une courte description, et qui, selon nous, différeraient fort peu des usages des anciens. Ainsi, le sol suspendu, chauffé en dessous, laisse au milieu un espace libre, et assez grand pour recevoir les baigneurs, couchés sur des tapis étendus sur le sol en marbre; nous y trouvons de plus, à l'une

(1) L'opinion de M. Labrouste, qui nous a fourni les dessins de cet établissement, est entièrement conforme, sur ce point, avec la nôtre.

des extrémités, la baignoire à l'eau chaude, pouvant contenir huit à dix personnes, et ces conduits communiquant avec les chaudières; à l'autre bout, la vasque ou le *labrum*, avec un jet au milieu, destiné à verser l'eau froide sur la tête et la partie supérieure du corps.

Cette explication ne diffère donc de celles données par d'autres auteurs que sur la question de savoir si le tuyau du *labrum* versait de l'eau froide ou de l'eau chaude. Ceux qui veulent que ce soit de l'eau chaude ou de l'eau bouillante produisant la vapeur, ont cru pouvoir appliquer à une partie de la salle la description de l'ensemble du *laconicum* que nous a laissée Vitruve. Cette question pourrait cependant être facilement éclaircie par les personnes qui se trouvent sur les lieux : il suffirait d'examiner si le tuyau de la vasque communique avec l'eau froide du réservoir ou avec les eaux chaudes des chaudières. Malheureusement, aucune des nombreuses descriptions de ces bains n'a éclairci ce point. Nous persistons donc jusque-là dans notre opinion tirée, par analogie, des usages actuels de l'Orient; elle est conforme d'ailleurs aux préceptes raisonnés de l'hygiène.

En revenant sur nos pas, nous trouvons une quatrième salle, marquée G, ayant son entrée sur celle marquée B. La conformité apparente de cette pièce avec la description du *laconicum* de Vitruve a porté quelques auteurs à croire qu'elle pourrait être le *sudatorium* ou l'étuve, sans faire attention qu'elle se trouve tout à fait à l'opposite des fourneaux, et qu'elle ne contient en outre aucun des moyens de chauffage usités alors (1). Nous croyons donc qu'elle est mieux désignée sous le nom de *frigidarium* : c'est la *cella frigidaria* de Pline, contenant le *baptisterium* ou *natatorium* placé au centre. Quatre niches sont disposées autour de la salle, et entre ces niches et le bassin, se trouve un espace assez large, appelé *schola*, où se tenaient ceux qui attendaient leur tour, ou ceux qui venaient pour faire la conversation ou la lecture. La lumière y pénètre perpendiculairement au-dessus du bassin, par une ouverture pratiquée au centre de la voûte, afin, comme le dit Vitruve, que la lumière ne soit pas retirée à ceux qui sont dans le bain, par ceux qui se promènent autour. C'est donc plutôt à cette salle-ci qu'à la partie demi circulaire de la salle E que doit se rapporter le passage de cet auteur lorsqu'il parle de la disposition générale des salles de bains; et ce n'est que la présence du mot *labrum*, dans l'inscription de la vasque de ce nom, qui a pu faire croire à plusieurs auteurs que ces paroles doivent s'appliquer à cette vasque même, sans se rappeler que Vitruve y confond, comme il le fait souvent, le même objet, sous les dénominations différentes de *labrum* et *alveus*.

Le *baptisterium*, ou le bassin du bain froid, est ordinairement placé, selon Pline, en plein air, ou se trouve ombragé, ainsi que nous le voyons dans les bains de la maison de campagne, et dans ceux de la maison de *Julia-Felix*. Ceci nous porte à croire que l'ouverture au haut de la voûte du *frigidarium* n'a pas dû être fermée par un vitrage, et que l'air et le soleil pouvaient y pénétrer librement : supposition qu'il serait d'ailleurs facile de vérifier sur les lieux.

L'ensemble des salles que nous venons d'examiner est désigné par la plupart des auteurs sous le nom de bains des hommes. Une autre partie de cet établissement, composée des trois salles K, L et M, ayant une entrée particulière et étant d'une construction très-négligée, est communément appelée les bains des femmes. M. Bonnucci seul, et par un sentiment louable de courtoisie, veut au contraire que ce soient les premières qui aient appartenu aux femmes, comme étant plus soignées et plus richement décorées. Une troisième opinion a été émise par M. le chanoine de Jorio, et c'est aussi la nôtre. Nous allons l'exposer.

Les mœurs des Grecs permettaient l'usage des bains en commun (2). La séparation dans les

---

(1) Notre prédécesseur a été induit en erreur par la même cause, lorsqu'il nomme *sudatorium* la pièce marquée 8, planche 33, 2ᵉ partie. Il en est de même de plusieurs désignations des pièces des bains de la maison de campagne; les découvertes nouvelles ont éclairci depuis bien des questions, alors difficiles à résoudre.

(2) Cet usage s'explique par la simplicité des mœurs des premiers temps, très-reculés; nous avons un exemple d'un autre pays, qui

EXPLICATION DES PLANCHES.

bains ne fut ordonnée que sous Hadrien, et dès lors nous voyons dans ce genre de constructions la division bien distincte de deux compléments de bains tout à fait semblables : l'un pour les hommes, l'autre pour les femmes.

Dans les provinces, où l'espace, et surtout les moyens pécuniaires, ne permettaient pas toujours, pour se conformer à cette ordonnance, de doubler ces établissements, on dut recourir à un autre expédient, celui de fixer, à des heures différentes de la journée, l'usage des bains des hommes et des femmes, et cet usage s'est perpétué jusqu'à nous dans tous les pays de l'Orient. Nous croyons donc que l'ensemble des salles dont nous nous sommes occupés jusqu'ici, a dû servir aux deux sexes, mais à des heures différentes. Nous allons en donner une autre raison puisée dans une note de M. Labrouste qui accompagne les dessins de cet édifice.

« Les pièces K, L et M, qui se trouvent à l'angle du bâtiment, semblent, par la nature de « leur construction, avoir été également destinées à l'usage des bains. Cependant elles ne faisaient « point partie de l'établissement des thermes, et n'ont avec lui aucune communication directe. « On y entre par une porte, O, qui leur est particulière; leur sol aussi est beaucoup plus bas « que celui des salles des thermes, et on y descend par une pente assez rapide. L'état de « dégradation de ces salles ne permet que difficilement d'en connaître la destination; et leur « décoration étant en outre plus que négligée, il n'est pas à présumer qu'elles aient pu servir « de bains aux femmes. Leur disposition et leur forme n'offrent d'ailleurs aucun intérêt. »

Nous ajoutons qu'il n'est pas probable non plus qu'on ait construit en même temps un établissement si visiblement négligé et dépourvu de toute commodité, pour les uns, tandis qu'on aurait prodigué tous les soins et tout le luxe pour les autres : que ce fût pour les hommes ou pour les femmes, un tel procédé n'était pas dans les mœurs du temps. Nous pensons donc, avec M. de Jorio (1), que l'ensemble des ruines, composé des salles K, L et M, provient d'un établissement précédent (comme le prouve aussi son sol plus bas), et que le besoin d'agrandissement et d'amélioration a nécessité la construction subséquente de l'autre partie de l'établissement plus riche et plus commode, tout en conservant les anciennes salles pour ne pas interrompre le service journalier. Un tel progrès n'a rien d'extraordinaire; il est dans la nature des choses, et nous en voyons tous les jours des exemples. Cet agrandissement peut d'ailleurs avoir quelque rapport avec celui du forum dont nous avons parlé précédemment.

Entre ces deux parties de l'établissement, à l'endroit marqué F, se trouve ce qu'on appelle l'*hypocaustum*, contenant les fourneaux et le réservoir. On y remarque dans la maçonnerie l'empreinte de plusieurs vases placés l'un au-dessus de l'autre, et destinés à chauffer, à différents degrés, l'eau nécessaire aux bains : disposition ingénieuse et économique recommandée par Vitruve. Les conduits d'eau, partant des chaudières et communiquant aux deux parties de l'établissement, sont également visibles, et on y trouva, lors de l'excavation, une assez grande quantité de poix qu'on croit avoir servi à alimenter ou à allumer le feu des fourneaux. L'appentis sou-

---

prouve que ces mœurs y restèrent pures jusqu'aux temps modernes. Un envoyé du pape, qui venait d'assister à un concile où les discussions avaient été tant soit peu vives, passa par Baden-Bade pour calmer ses émotions dans les eaux célèbres de ces bains. Voici la description qu'il en fit, au XVe siècle, à un de ses amis d'outre-monts :

« .... Quelle fut ma surprise de voir descendre dans le même bain avec les hommes, les femmes et les jeunes filles, complétement « déshabillés les uns et les autres, ne cachant absolument rien à la vue de tout le monde ! Cela me rappelle les fêtes floréales des anciens. « Mais ce que j'y admire le plus, c'est cette simplicité de mœurs : personne n'y fait attention, personne n'en dit ou n'en pense du mal; l'in-
« décence n'y est même pas soupçonnée. On s'amuse, on rit au milieu de l'eau, et on y passe son temps à des jeux innocents. Là il ne s'agit
« pas du partage des biens de ce monde, mais de la jouissance paisible de ce qui est partagé. Oh ! que je leur envie ce calme, ce bonheur;
« nous qui, jamais rassasiés, ne cherchons qu'à acquérir, qu'à amasser trésor sur trésor, et qui, en crainte des biens de l'avenir, passons
« en crainte et peines le présent. »

(1) « En résumant, dit M. de Jorio, ce que nous venons de dire, et en observant la rusticité et l'extrême petitesse des thermes, composés des trois pièces K, L, M, je suis porté à croire qu'ils ont été les premiers établis dans cet endroit, et qu'on a peut-être augmenté ensuite l'établissement en construisant des salles plus grandes..... »

tenu par deux colonnes, dans la cour irrégulière qui vient ensuite, était destiné sans doute à contenir le bois à brûler. Un escalier en maçonnerie servait à monter sur les terrasses des salles. Ces terrasses étaient couvertes d'un enduit.

En face de cette cour, et de l'autre côté de la rue, on a découvert une construction, qui n'est malheureusement pas indiquée sur notre plan, et qui a été reconnue pour être la *piscine*, le *castellum*, ou réservoir d'eau servant à alimenter l'établissement des bains. C'est là qu'on a cru voir, lors des fouilles, les restes d'un arc, jeté sur la rue, et destiné à conduire les eaux du réservoir aux bains. Mais M. de Jorio observe que cette idée a été suggérée par un passage du texte de Mazois qui, dans la relation d'une fouille (II.ᵉ partie, page 81), a cru voir la naissance d'un arc, portant aqueduc, dans la saillie d'un pilastre qui fut reconnu plus tard pour être simplement la saillie d'une corniche couvrant l'angle du bâtiment des thermes (1). Rien dans les constructions du réservoir n'indique une continuation de cet arc, et au lieu d'un pilier formant le jambage opposé de cet arc, on y trouve des baies assez grandes entre des trumeaux assez minces. D'après les minutieuses recherches de M. de Jorio, il résulterait qu'on n'a pu se servir de cette piscine, parce qu'elle était restée inachevée au moment de la catastrophe, et que non seulement il ne s'y trouve aucune trace de stalactites, comme on en observe dans le réservoir et les autres conduits, mais même qu'il lui manque l'enduit intérieur indispensable aux réservoirs d'eaux. Ce savant pense que ces eaux ont dû être amenées aux bains par des conduits souterrains et des écluses, au moyen d'un mécanisme semblable à celui qu'on observe dans toutes les fontaines de Pompéi.

S'il est donc reconnu que la piscine n'a pu servir à alimenter les bains, puisqu'elle est restée inachevée, nous sommes portés à croire que le gros mur, à l'angle de la rue, près l'entrée des salles appelées improprement les bains des femmes, ainsi que celui opposé, d'une épaisseur peu ordinaire, formant l'angle de la salle K, ont dû servir à soutenir un réservoir propre à alimenter cette partie des bains, K, L, M, dont M. de Jorio reconnaît, comme nous, la probabilité de l'existence. Ceci expliquerait les traces et la direction des divers conduits qui existent de ce côté, et dont quelques-uns étaient abandonnés. L'agrandissement de l'établissement a dû nécessiter ensuite la construction d'un nouveau réservoir sur une échelle plus grande; tel est celui dont nous voyons les restes inachevés à l'autre côté de la rue.

PLANCHE XLVII.

A. Quatre entrées sur les trois faces, conduisant, par des communications plus ou moins directes, aux salles des bains qui composent l'établissement principal. Une cinquième porte, O, donne seule entrée aux trois salles des anciens bains. Une sixième porte conduit à la cour des échoppes, du côté de la rue de la piscine. Le reste des façades composant l'île est occupé par des boutiques n'ayant aucune communication avec les bains.

B. Salle de communication. Sa décoration est peu soignée; sa corniche lourde est ornée d'une suite d'arabesques sur fond rouge. Le pignon du fond est pareillement orné de bas-reliefs en stuc d'une composition bizarre, représentant des tritons ou monstres marins. On a dé-

---

(1) Voir cette intéressante dissertation dans l'ouvrage précité de M. le chanoine de Jorio, page 226. Ce savant exprime, à cette occasion, le désir si flatteur pour nous, de nous voir traiter à fond et résoudre la difficulté de la question qui se présente ici. Nous sommes très-sensibles à cette marque de confiance, mais malheureusement, comme nous l'avons déjà observé, n'étant pas sur les lieux, n'ayant même pas vu les ruines dont il s'agit, et obligés de nous en rapporter à des dessins assez incomplets; ne pouvant pas non plus retarder davantage l'achèvement d'un ouvrage trop long-temps suspendu, il nous serait, de toute manière, impossible de répondre à cette attente. D'ailleurs M. de Jorio, en traitant ce sujet comme il l'a fait, avec ce talent et cette sagacité qui le distinguent, a rendu superflue toute discussion ultérieure.

EXPLICATION DES PLANCHES.

couvert dans une fenêtre pratiquée au milieu de ce pignon, des restes de verre d'une assez grande épaisseur, scellés dans les feuillures. Au-dessous de cette fenêtre existe un trou carré dont les parois enfumées annoncent qu'il a contenu autrefois une lampe destinée à éclairer la salle (1). Les murs sont peints en jaune; le pavé est en mosaïque de marbre blanc.

D. *Spoliatorium*, *tepidarium* ou *cella media*. La voûte de cette salle est richement décorée par des compartiments en stuc, ornés de figures et d'arabesques sur fond rouge et bleu. Les figures, sur le premier plan des compartiments en stuc, sont en relief, et celles du deuxième plan légèrement peintes en blanc. Quelquefois il n'y a qu'une partie des figures, un bras, une jambe, peinte, et le reste en relief. Ce procédé remarquable a pour motif de produire une perspective plus prononcée par des reliefs de peu de saillie. Cette salle était pareillement éclairée par une fenêtre garnie d'un châssis vitré, en bronze. Un trou, traversant toute l'épaisseur du mur, recevait une lampe destinée à éclairer à la fois cette salle et celle de l'Exedra, I, donnant sur le portique de la cour. Les détails de cette salle intéressante sont figurés sur les planches suivantes, ainsi que le brasier et les banquettes en bronze qui y furent découverts.

E. *Caldarium*, *sudatorium* ou étuve. Cette salle, d'une forme longue, terminée à l'une de ses extrémités par un hémicycle, a sa voûte ornée de simples cannelures en stuc, peintes en jaune et blanc. Le choix de cet ornement, propre à faire écouler la vapeur condensée en eau, prouve et le goût et le bon sens de son auteur. Nous n'en dirons pas autant de la fâcheuse position de la porte qui coupe un des pilastres qui ornent le pourtour. Cette salle est éclairée par trois ouvertures ou fenêtres, toutes dans la direction du midi, comme celles des salles précédentes. Son pavé en mosaïque est suspendu sur de petits piliers en briques, et ses parois sont évidées, afin de faciliter la circulation de la chaleur dans tous les sens.

F. Emplacement des fourneaux et chaudières, lieu appelé par Vitruve *hypocaustum*. On y retrouve les embranchements des tuyaux, communiquant aux salles, ainsi qu'un réservoir pratiqué dans le massif d'une maçonnerie.

G. *Frigidarium* ou salle des bains froids. Elle est d'une forme circulaire, ornée de quatre niches, et couverte d'une voûte en cône; le jour y pénètre par une ouverture pratiquée dans la voûte. La proportion de cette salle est aussi heureuse que sa décoration est simple et de bon goût. Le bassin, de quatorze pieds de diamètre, est garni en marbre blanc, ainsi que le fond. Le mur est peint en jaune, le socle en rouge, ainsi que la frise qui est ornée de bas-reliefs en stuc d'une composition gracieuse.

H. Portique à colonnes sur deux faces et en arcades sur la troisième. Les murs et les colonnes sont peints en jaune et rouge.

I. *Exedra*, ou, selon d'autres, loge du gardien des bains.

K. *Laconicum*, ou étuve des anciens bains abandonnés. Son sol est suspendu; les parois des murs au pourtour évidées; le pavé et la voûte en partie ruinés. Tout ce qui reste de cette salle et des deux suivantes est dans un si mauvais état qu'on y reconnaît à peine les débris d'un *labrum* et de la vasque.

L. Le *spoliatorium* et le *frigidarium*, réunis dans une seule salle. On y retrouve les banquettes appartenant à l'un, et quelques restes d'un bassin appartenant à l'autre.

---

(1) Alexandre Sévère permit l'usage des bains dès l'aube du jour et pendant une partie de la nuit, et fournit, à cet effet, pour les bains publics, des lampes et de l'huile au peuple.

M. Le *tepidarium*, ou salle intermédiaire, également chauffée sous un sol suspendu. Elle diffère en cela du *tepidarium* D, chauffé seulement par le feu d'un brasier.

O. Entrée commune aux trois salles.

P. Espèce de vestibule construit après coup aux dépens du trottoir.

Q. Boutiques.

PLANCHE XLVIII.

La figure I représente la coupe en long de la salle des étuves, E; on y remarque, d'un côté, la baignoire, *alveum*, des bains chauds, pouvant contenir environ huit à dix personnes à la fois; de l'autre côté, le *labrum*, ayant un jet d'eau au centre. Au-dessus du *labrum*, dans le cul-de-four de l'hémicycle, est pratiquée une ouverture circulaire qu'on croit destinée à régulariser la température, par un couvercle ou bouclier attaché à une chaine (1).

Nous y voyons deux autres ouvertures à la grande voûte, ornées de bas-reliefs et destinées à éclairer la salle; une autre en dessous de la corniche, garnie d'un carreau en vitre, était destinée à recevoir la lampe. Cette coupe indique encore la construction du sol suspendu, porté par de petits piliers en briques, et celle des parois des murs évidées jusqu'à la hauteur de la corniche, afin de faciliter la circulation de la chaleur communiquée par les fourneaux. Vitruve a donné une description détaillée de la manière de construire ces sols suspendus, appelés *suspensura*.

La figure II représente la coupe en grand de l'*alveum*, ou baignoire. On y monte par trois marches, et on y descend par une marche formant banquette dans l'intérieur. On y remarque l'ouverture du conduit qui y amenait l'eau. La baignoire et les marches sont en marbre blanc.

La figure III donne la coupe du *frigidarium* contenant le bassin, *natatorium*, destiné aux bains froids. Le conduit du trop-plein est visible au bord du bassin sous la dalle supérieure; celui destiné à l'écoulement des eaux se trouve au fond. L'eau y était amenée par un autre conduit en bronze, pratiqué dans le mur à la hauteur de quatre pieds et demi au-dessus du bord du bassin. Ce conduit, aplati, a six pouces de large, et son élévation du sol nous fait penser que l'orifice de ce tuyau a pu être masqué par une statue, laquelle jetait l'eau dans le bassin. Pompéi nous offre plusieurs exemples de ce genre d'ornement. Cette coupe donne, en outre, une idée du décor de cette salle, rehaussé par l'harmonie de la couleur.

PLANCHE XLIX.

Sur cette planche nous avons représenté la face et la coupe du brasier en bronze trouvé au fond de la salle D, ainsi que l'élévation et le plan d'une des banquettes, également en bronze, trouvées dans la même salle. Le brasier, d'environ huit pieds de long, est doublé d'une garniture en fer, qui contenait la braise allumée. Cette manière de chauffer les appartements est encore en usage dans toute l'Italie (2). Les banquettes sont ornées de têtes et de pieds de vache; une vache en bas-relief se trouve aussi sur la face principale du brasier, sans doute par allusion au nom du donataire, conservé dans l'inscription suivante gravée sur l'une des banquettes :

M · NIGIDIVS · VACCVLA · P · S

(1) « ..... *Si son trovate ancora nel muro le attaccature di bronzo per queste catene.* » Museo Borbonico.
(2) Voir deux autres brasiers antiques très-curieux, figurés planche 46, liv. 7, du Museo Borbonico.

EXPLICATION DES PLANCHES.

On peut reconnaître dans ces symboles l'origine des armoiries, marques de distinction des familles dont l'ambition causa, par la suite, tant de maux à la société.

Le plan et la coupe du *labrum* de la salle E, ainsi que l'orifice du jet d'eau en bronze placé au centre, sont figurés au bas de la planche. La vasque en marbre blanc du *labrum* est supportée par une maçonnerie peinte en rouge et élevée de trois pieds au-dessus du sol. Sur son pourtour intérieur est incrustée, en lettres de bronze, l'inscription suivante :

CN·MELISSAEO·CN·F·APRO·M·STAIO·M·F·RVFO·II·VIR·ITER·ID·LABRVM·
EX·D·D·EX·P·P·F·C·CONSTAT·H·S·D·C·C·L·

On voit à côté le détail des jolies cannelures qui ornent la voûte.

PLANCHE L.

La figure I indique la coupe de la salle D, et la distribution des casiers divisés par une suite de petites statues de terre cuite. Ces statues cariatides ou atlantes sont peintes en rouge, les cheveux et la barbe en noir.

Les figures II et III donnent l'élévation et le profil, sur une échelle plus grande, de ces casiers, destinés, comme nous l'avons observé, à recevoir les vêtements des baigneurs. On y remarquera, comme une preuve décisive en faveur de notre opinion, l'inclinaison du fond de ces casiers; inclinaison qui n'aurait pas permis d'y poser des vases à parfums et à huiles, comme le veulent quelques auteurs. La hauteur du sol aux casiers est de six pieds, ce qui par conséquent les met à la portée de tout le monde.

Si la question de l'emploi des vitres, chez les anciens, était encore douteuse, nous trouverions dans cette salle un témoignage propre à la résoudre. Les siècles y ont conservé un châssis vitré, en bronze, qui détermine non seulement la grandeur et l'épaisseur des vitres employées, mais encore la manière de les ajuster.

Les figures IV et V, qui donnent l'ensemble et les détails de ce châssis, font voir que ces vitres étaient posées dans une rainure et retenues, de distance en distance, par des boutons tournants qui se rabattaient sur les vitres pour les fixer. Leur largeur est de vingt pouces environ, sur vingt-huit de haut, et leur épaisseur de plus de deux lignes.

OBJETS TROUVÉS DANS LES RUINES DES BAINS.

Un instrument de chirurgie; un amulette et deux panneaux de vitrage; 1348 lampes à une seule mèche, toutes de la même forme et de la même grandeur : une de ces lampes a sept mèches; quatre *oleari* et une tirelire, le tout en terre cuite; une quantité de morceaux de glace fort épaisse; une espèce d'épée avec une poignée en ivoire; de la poix dans les pièces près le four.

Ces lampes, trouvées en si grande quantité, ont dû être placées en dépôt, car elles n'ont pu servir à l'usage de ces bains, comme l'indiquent suffisamment les endroits économiquement ménagés et disposés pour recevoir la lumière.

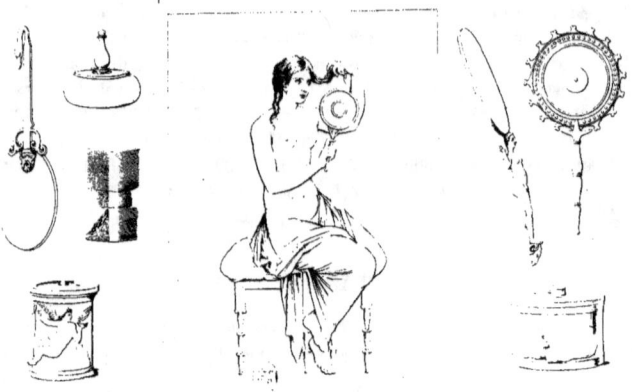

EXPLICATION

DES FLEURONS ET VIGNETTES.

Page 5. Mazois dit dans une note où cette inscription est figurée, mais sans encadrement, qu'elle *se trouve sur la porte qui donne sous la colonnade du théâtre*. Nous tâcherons d'indiquer cette localité avec plus de précision, ainsi que le rapport que cette inscription doit avoir avec l'édifice, lorsque nous parlerons des théâtres.

Page 6. Petit bronze qui surmontait probablement le couvercle d'un vase, ou faisait partie de l'ornement d'un ustensile domestique.

Page 7. Cette table en marbre blanc se trouve dans le carré de l'édifice appelé communément le *Camp des soldats*. Elle parait y avoir été placée depuis la découverte.

Page 11. Lampe pensible ou suspendue, en bronze; grandeur de l'original. Elle faisait partie de l'ancien musée de la reine de Naples.

Page 15. Vase en bronze, moitié grandeur de l'original, et provenant du même musée. Ce vase, ainsi que la lampe précédente, se distinguent, comme tous les ustensiles trouvés à Pompéi, par le bon goût de leurs ornements et par une forme gracieuse.

Page 23. Le petit monument en terre cuite, gravé de la grandeur de l'original, offre de l'intérêt autant par sa forme que par son ajustement. Ce meuble antique, surmonté de vases de plusieurs espèces, d'une corbeille et de deux pigeons, représente au premier aspect ce que nous appelons un buffet. Mais des tables à peu près semblables, figurées dans beaucoup de peintures égyptiennes au devant des divinités, nous font croire qu'on ne doit reconnaître dans ce monument que l'imitation en petit d'un *offertoire*, ou autel pour déposer les offrandes. Dans plusieurs monuments semblables, on distingue encore le trou et la trace d'un cordon propre à les suspendre; ce qui fait présumer qu'on a pu s'en servir comme d'une espèce d'*ex-voto* appendu dans quelque temple. Cet *offertoire* et les vases portent encore quelques traces de peintures, mais fort peu visibles.

EXPLICATION DES FLEURONS ET VIGNETTES.

Page 27. La gravure en tête de cette feuille représente, vue de face et de profil, une corniche en terre cuite portant chéneau. Le *mascaron* dont elle est ornée servait à rejeter en dehors, par sa bouche, les eaux du comble. L'habitude généralement pratiquée chez les anciens de placer, pour cet usage, des têtes grotesques en haut des corniches, s'est encore conservée jusqu'à nous; nous en voyons des exemples multipliés dans l'architecture gothique et dans celle de la renaissance. L'inconvénient de jeter ainsi les eaux des toits, en masse, sur la tête des passants, a été senti depuis peu, et ces gouttières incommodes ont été remplacées par des tuyaux de descente. Les mascarons et les têtes de lions devenues inutiles n'ont pas moins conservé leurs places dans les corniches, sans qu'on ait cherché à ajuster d'une manière architecturale, et à décorer avec goût ces tuyaux de descente qui les remplacent : elles défigurent les façades de nos édifices.

Ce fragment antique nous porte à exprimer encore un autre vœu : c'est de voir renaitre chez nous l'usage des terres cuites. Déjà plusieurs architectes de l'Allemagne viennent de l'introduire avec succès. Les ornements architecturaux et les bas-reliefs en terre cuite offrent non seulement une exécution facile et économique, mais en même temps une construction durable; et les beaux fragments de ce genre que nous a légués l'antiquité, prouvent que les artistes de mérite ne dédaignèrent pas de confier leurs travaux à cette matière.

Ces ornements, comme tout le reste de l'architecture et de la sculpture, furent peints; on reconnait encore des traces de couleurs sur le fragment que nous reproduisons.

Page 42. Petite peinture, grandeur de l'original, formant le motif de milieu d'un des panneaux qui ornent le pourtour du crypto-portique de l'édifice d'Eumachia. Le sujet représente une offrande. Les détails ne sont pas assez précis pour pouvoir être expliqués avec certitude.

Page 47. La vue gravée au bas de cette feuille est expliquée dans le courant de la description de l'édifice d'Eumachia dont elle représente le fond.

En tête de cette Explication des Vignettes et Fleurons, nous avons reproduit plusieurs objets de toilette en usage chez les anciens; ils prouvent que les dames de l'antiquité ne dédaignèrent pas plus que les modernes, les secrets artificiels. Le vase à droite, en cristal de roche, trouvé dans les fouilles, en offre une preuve : l'intérieur renferme une terre *rougeâtre*. Celui à gauche, en ivoire, contient une terre de la même couleur, mais plus claire. Ce dernier est orné de jolis bas-reliefs analogues à la circonstance; ce sont des amours dans différentes attitudes.

Au-dessus du premier vase sont deux miroirs en argent avec des poignées richement ornées; celui de l'autre côté est en bronze, et la poignée est recourbée en cou de cygne, pour être accrochée. La surface de ces miroirs est soigneusement polie afin de faciliter le reflet des objets. Cependant il parait que les miroirs en verre n'ont pas été inconnus des anciens, surtout dans les derniers temps : Pline en cite qui provenaient de Sidon. On suppose qu'au lieu du tain, on plaçait une feuille en or sous le verre.

Outre ces objets, cette planche reproduit le fragment d'un peigne et un petit vase à parfums ou essences. L'usage des huiles et pommades de toutes espèces était général.

Le sujet gracieux du milieu de cette gravure représente une jeune femme occupée à sa toilette. Son siége est doré; la draperie rouge a une bordure blanche; le miroir est pareillement en or, et les beaux cheveux qu'elle soulève, sont blonds. Cette jolie peinture fut découverte en 1760.

FIN DE L'EXPLICATION DES FLEURONS ET VIGNETTES.

TABLE DES PLANCHES

CONTENUES

DANS LA TROISIÈME PARTIE

Préface..................................... page v	Planches XV à XXI. Basilique — Comices......... page 36
Introduction................................. vii	XXII à XXVII. Édifice d'Eumachia............... 42
Planche I. Frontispice........................ 11	Peintures de décor............................ 45
II, III, IV, V et VI. Camp, caserne............. 12	XXVIII. Album................................ 46
VII. Autel aux dieux Lares.................... 16	XXIX. Vue générale du forum.................. 47
VIII et IX. Propylée......................... 17	XXX à XXXVI. *Curia*, temple de Jupiter........ 48
IX bis et X. *Hécatonstylon*, ou portique à cent colonnes ibid.	XXXVII. Le Senaculum......................... 50
(Fin du texte de feu Mazois.)	XXXVIII. Tribunaux........................... 52
Nouvelle préface.............................. 23	XXXIX. Détails du forum...................... 53
Planches XI et XII. Marché public.............. 25	XL. Mesures publiques........................ 54
XIII. Fontaine................................ 27	XLI. Arcs de triomphe........................ 55
XIII bis, XIV et XIV ter. *Forum*. Considérations générales........................... 28	— Prison................................. 57
Coutumes des villes municipes................. 30	— Portique — Pœcile..................... ibid.
Les fora chez les différents peuples........... 31	— École publique......................... 58
Le forum de Pompéi........................... 34	XLII à XLVI. Panthéon — Hospitium............. 59
	XLVII à L. Balneum — Bain public.............. 67

FIN DE LA TROISIÈME PARTIE.

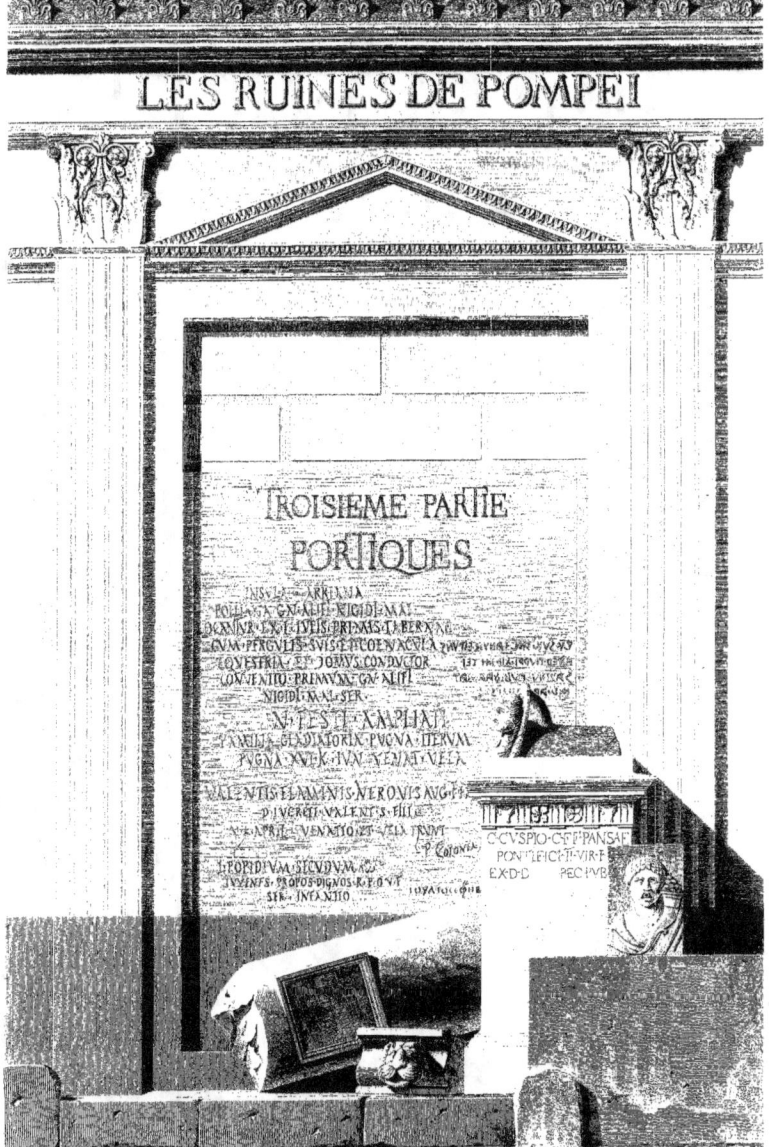

DÉTAIL DE L'ALBUM
OÙ L'ON AFFICHAIT LES ACTES PUBLICS ET LES ANNONCES

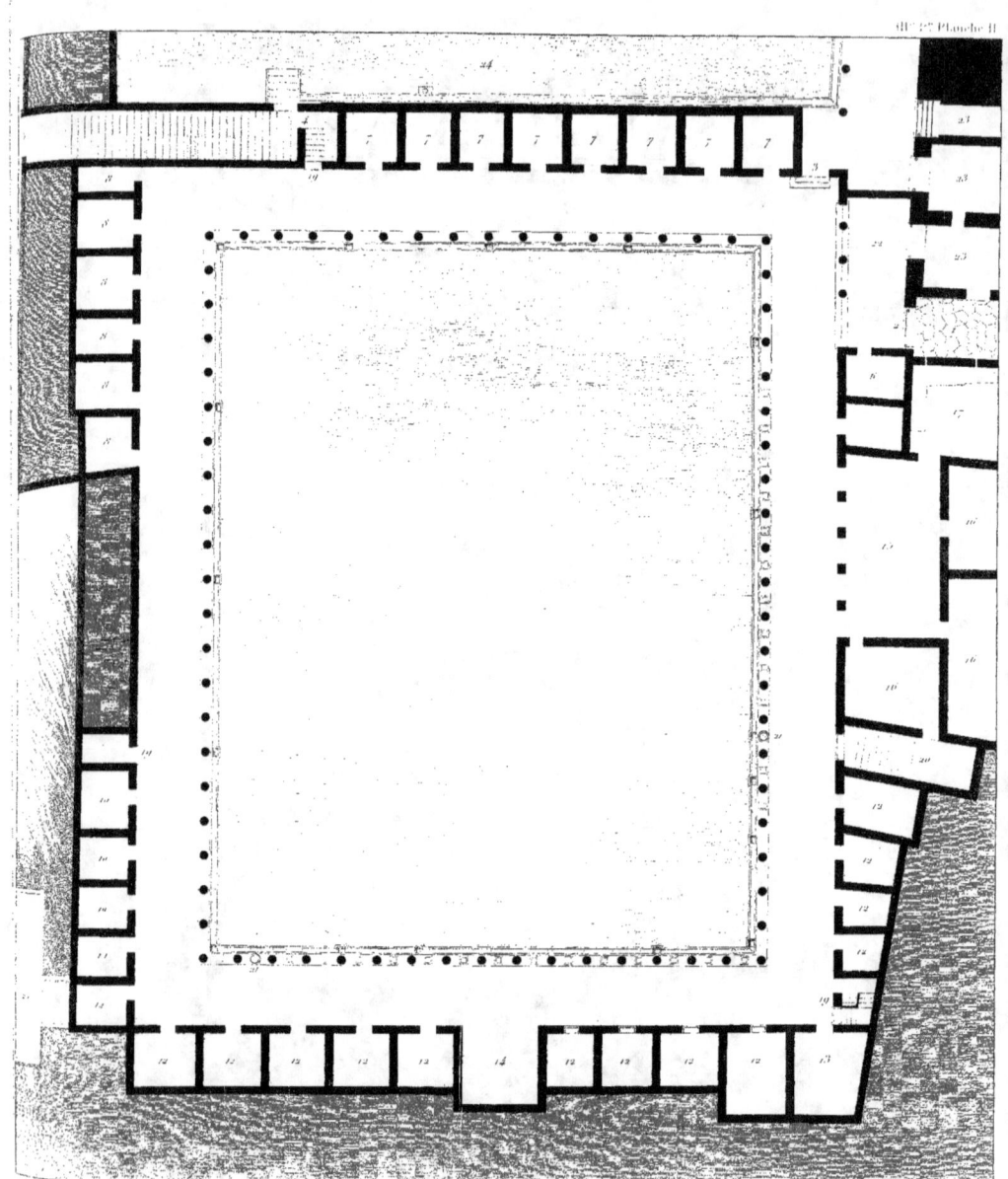

PLAN DE L'EDIFICE APPELÉ LE CAMP DES SOLDATS.

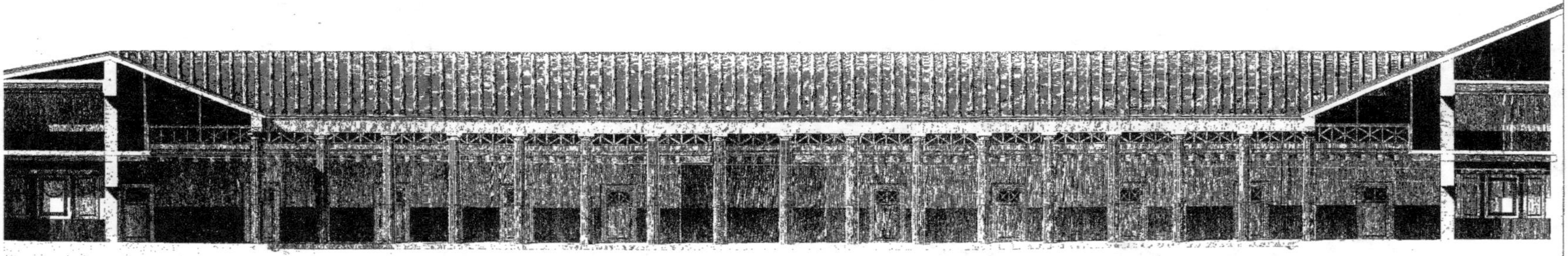

COUPE DU CAMP

Fig. I.

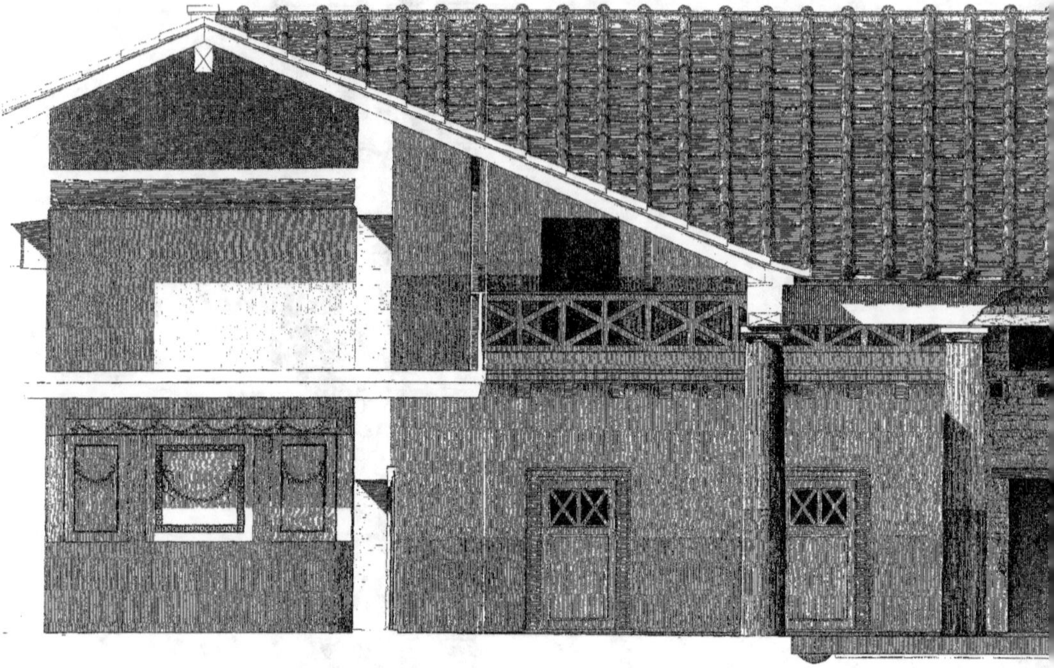

Echelle de ———— /12 ———— 18 Pieds.

Fig. III.   Fig. II.   Fig. IV.

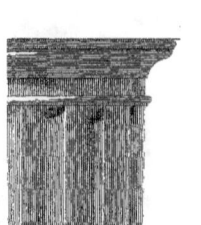 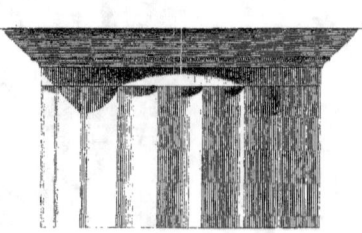 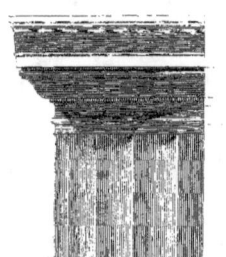

Echelle de ———— ———— 2 Pieds.

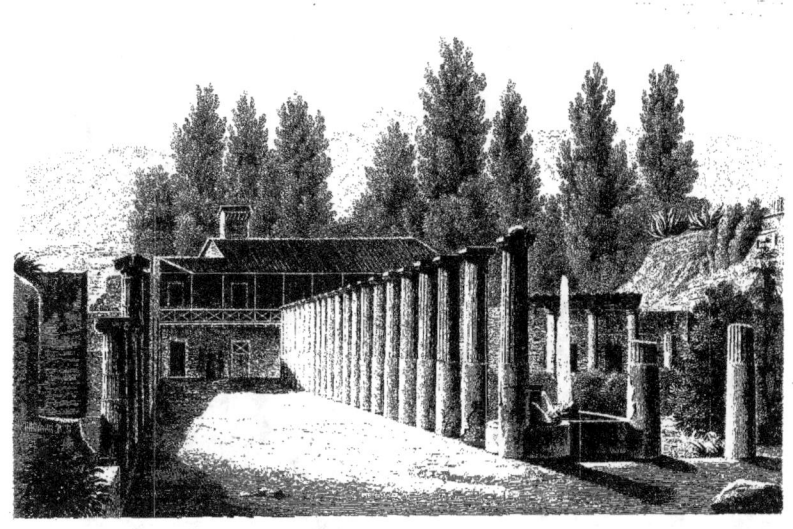

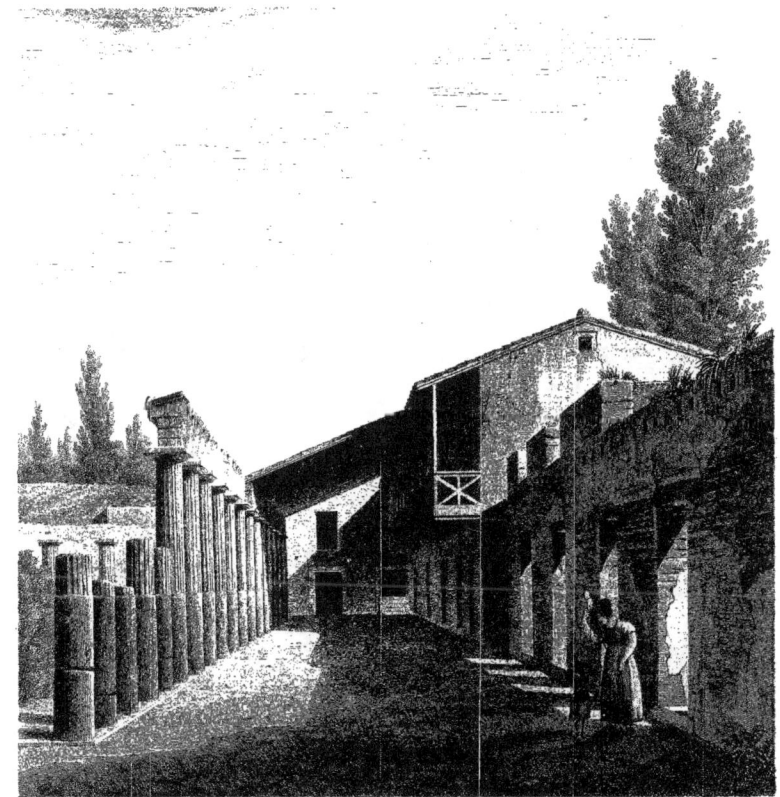

Fig. II.

Fig. 1.

III.º P.º Planche VI.

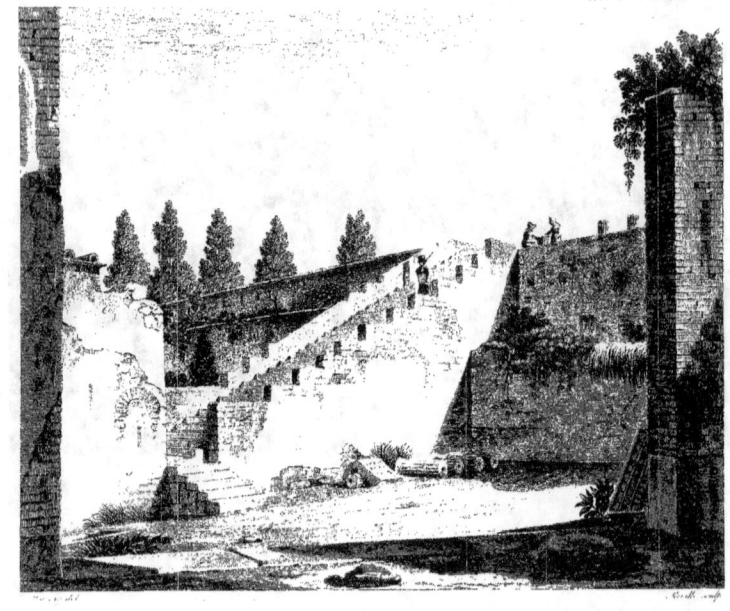

Fig. II.

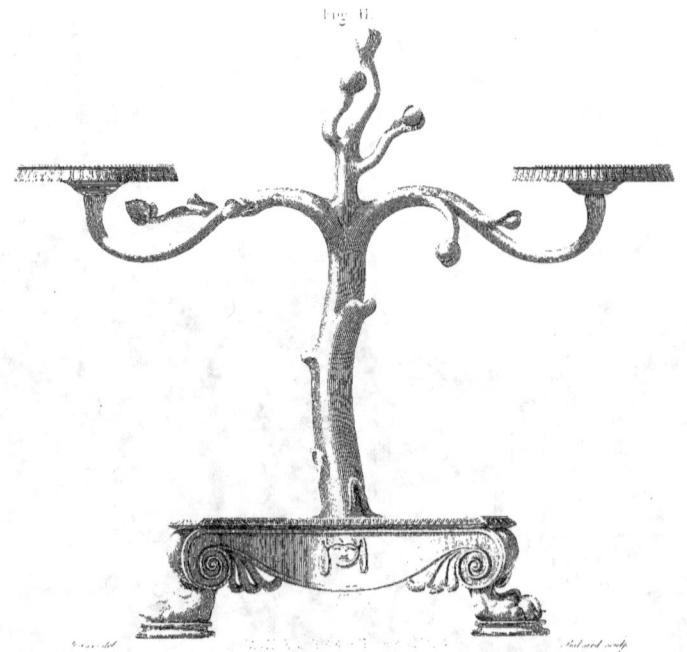

Fig. I.

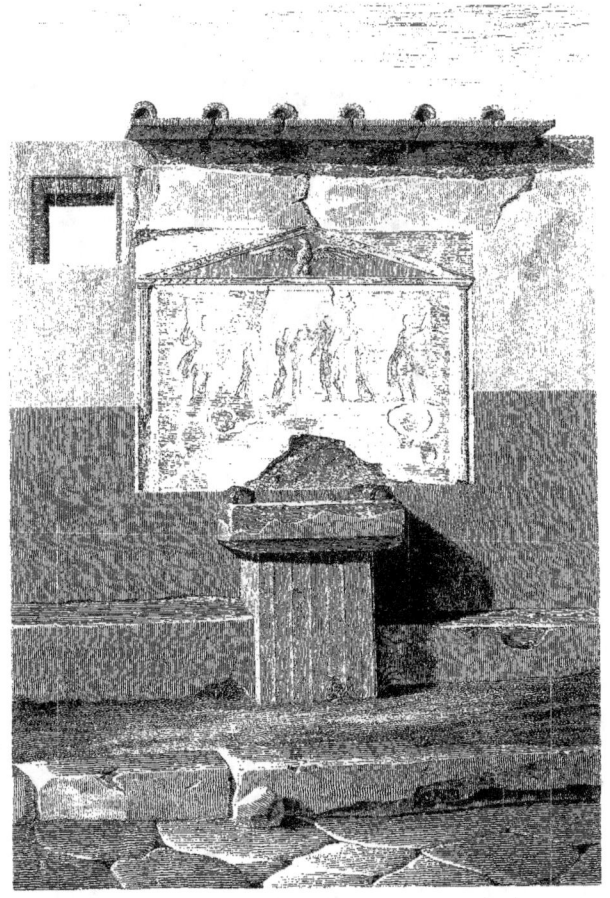

Fig. II.

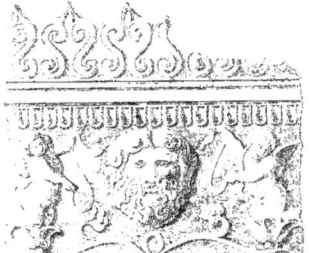

Fig. II.

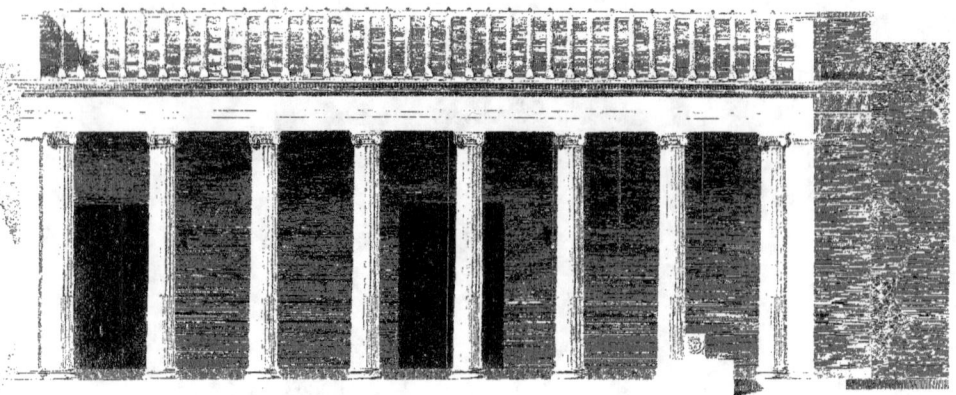

Fig. I.

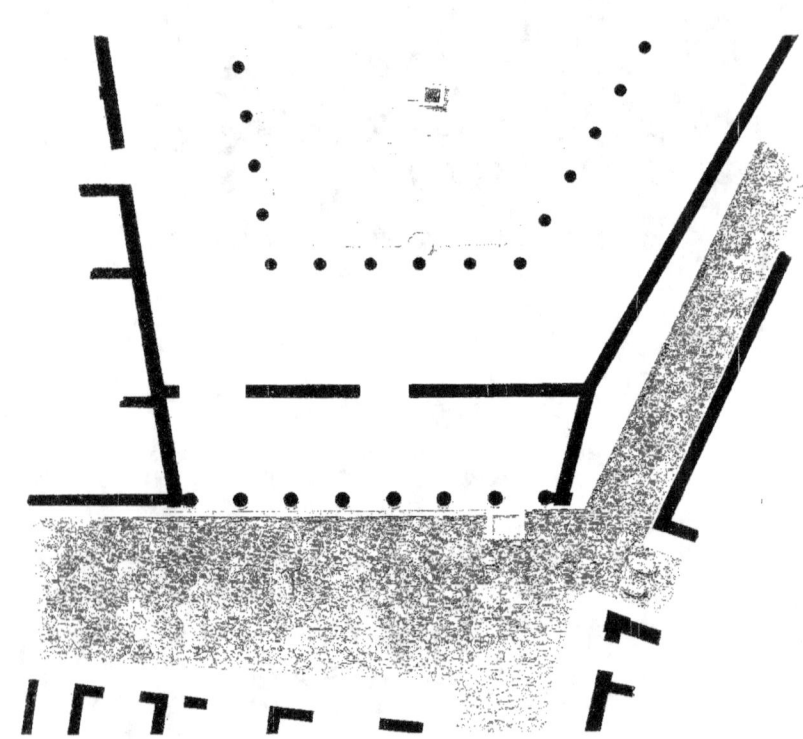

PROPYLÉE DU GRAND PORTIQUE PRÈS DU THÉÂTRE.

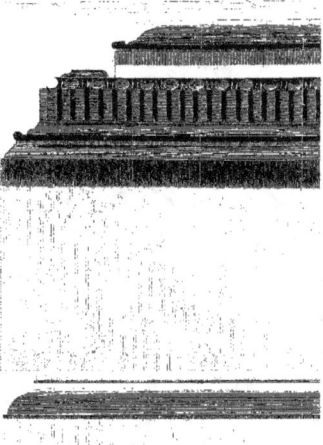
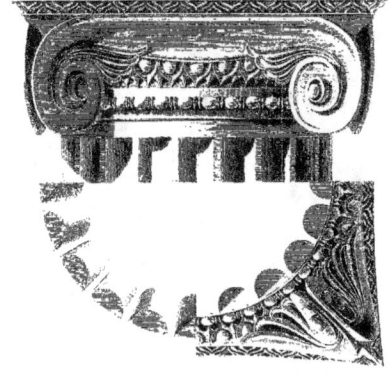
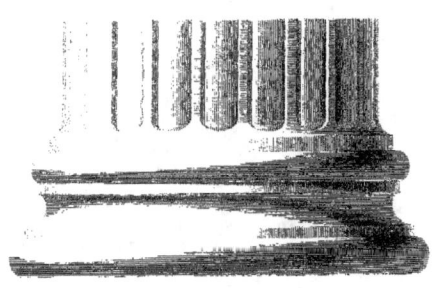

DÉTAILS DU PROPYLÉE.

PLAN DU PORTIQUE
PRES
DU GRAND THEATRE.

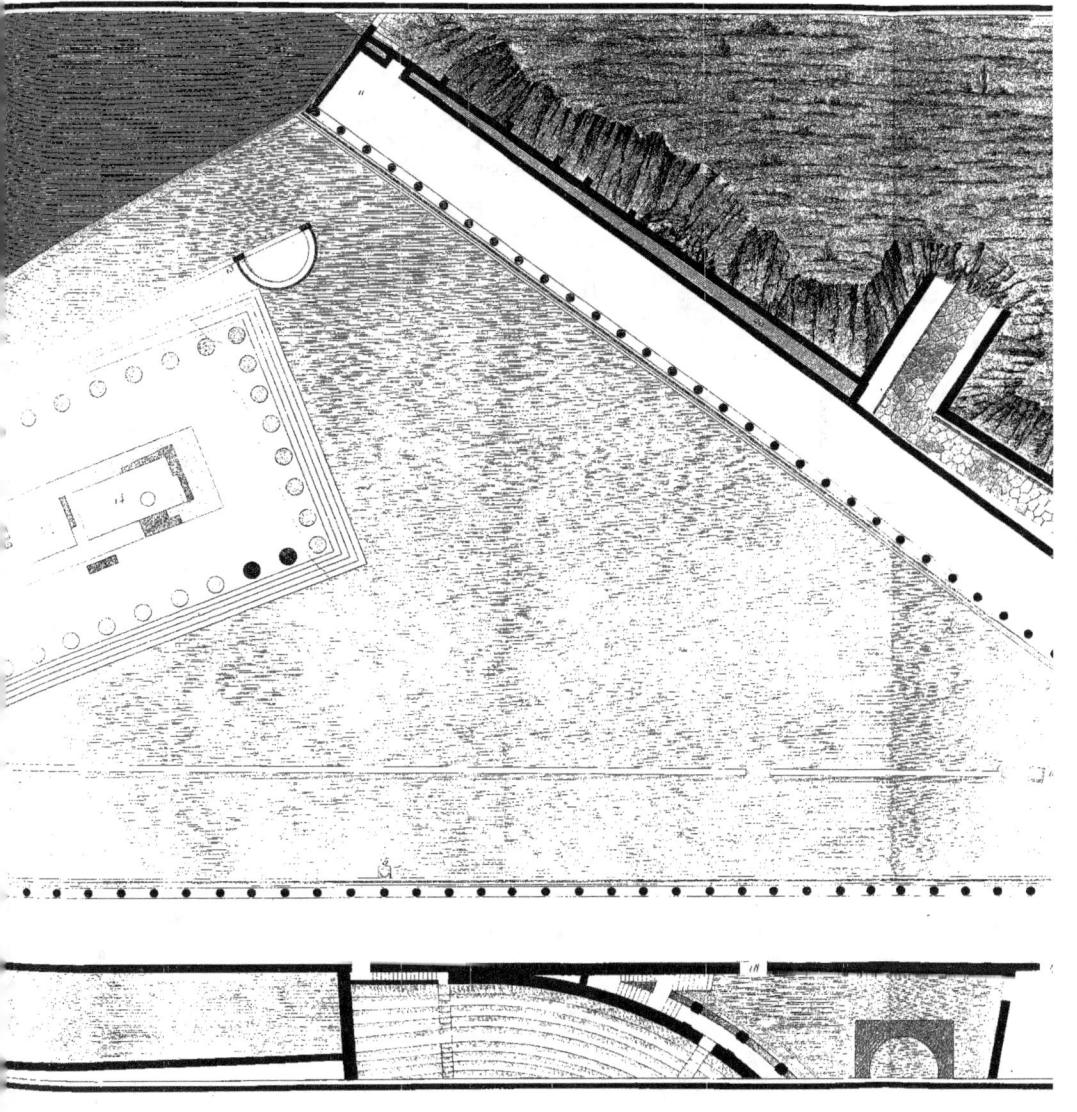

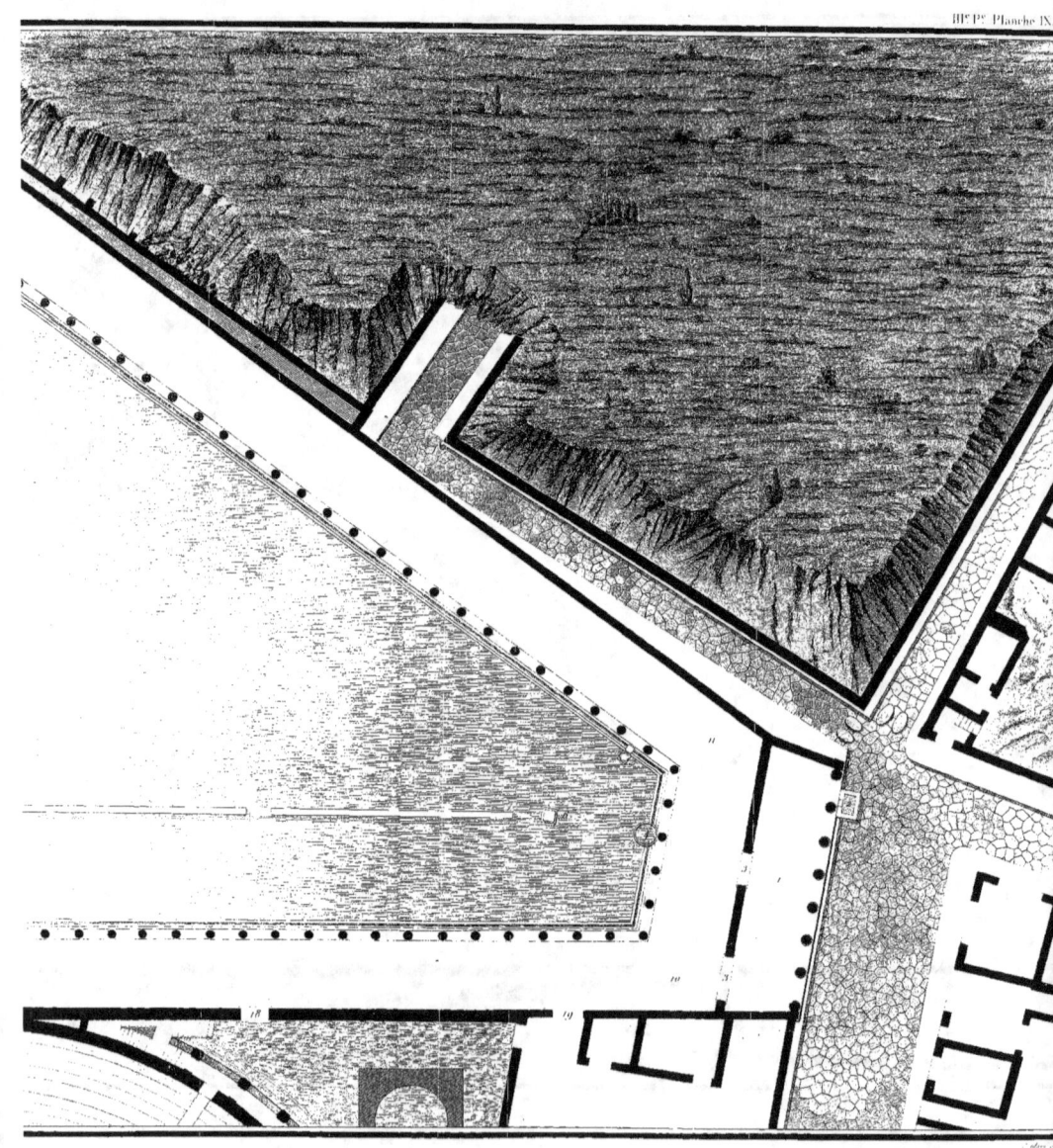

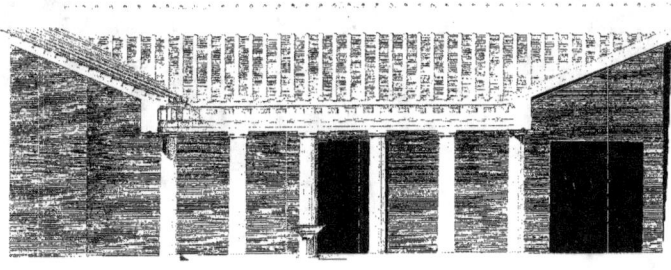

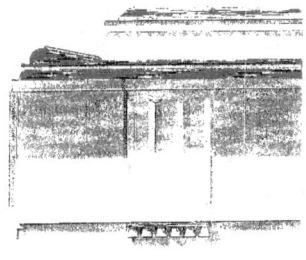

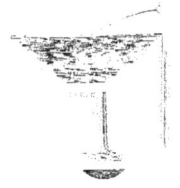

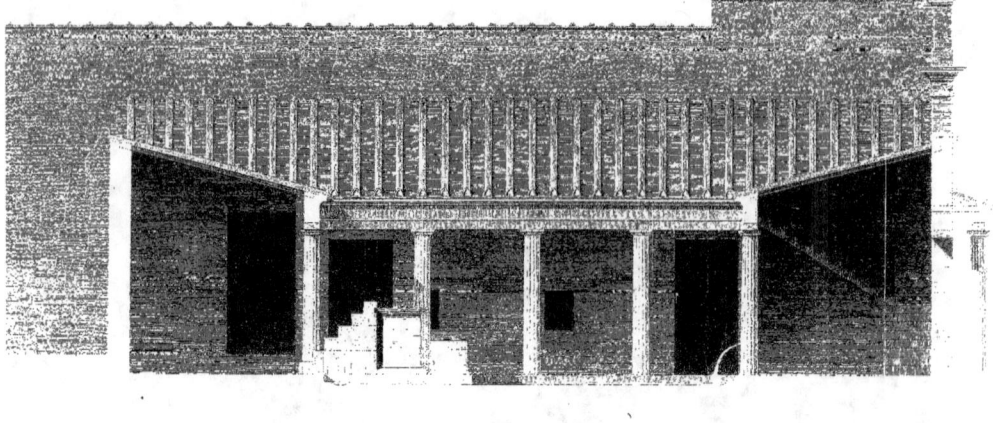

Fig. II.

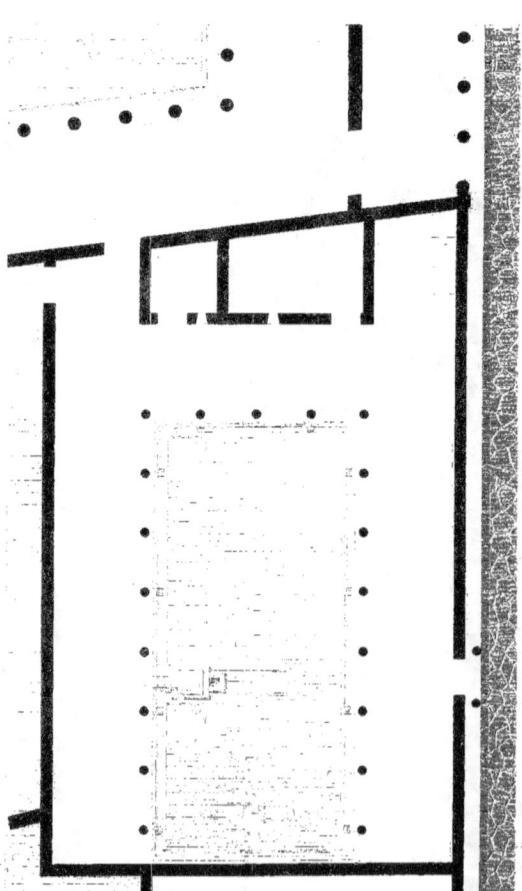

Fig. IV.

Fig. III.

Fig. V.

Fig. I.

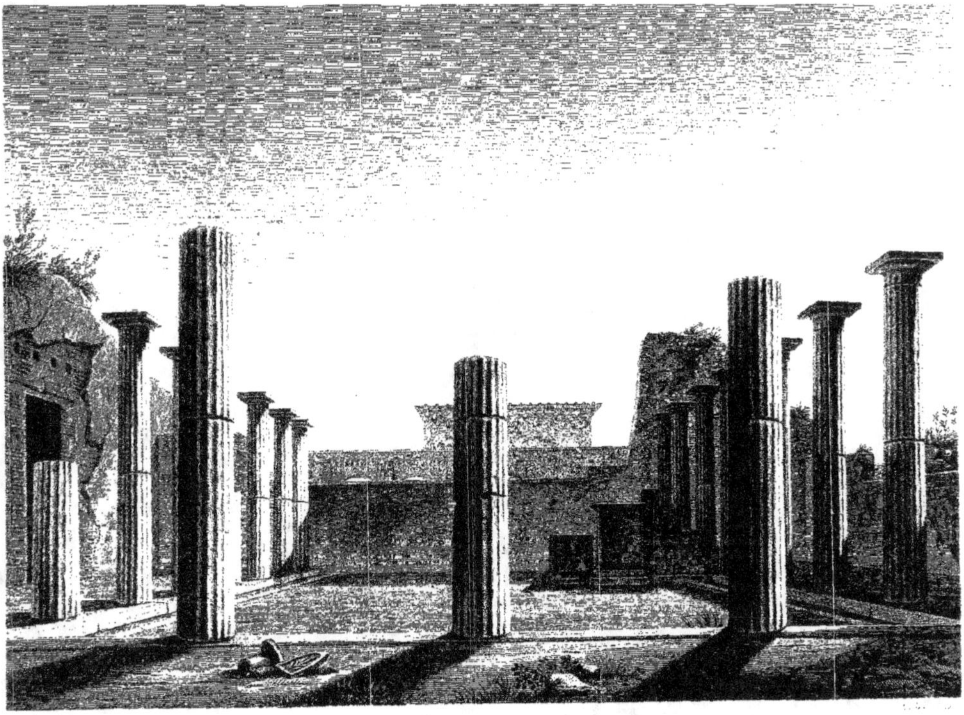

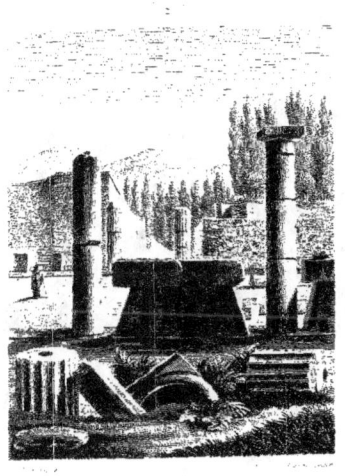

Fig. I.

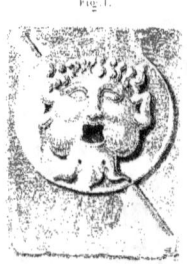

Fig. II.   Fig. III.

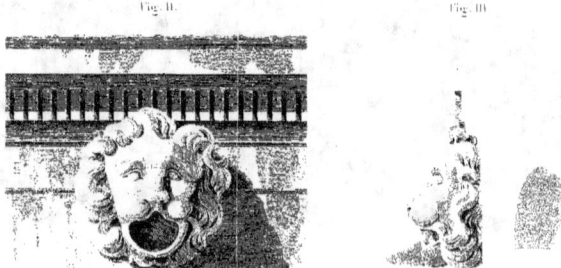

Fig. IV.

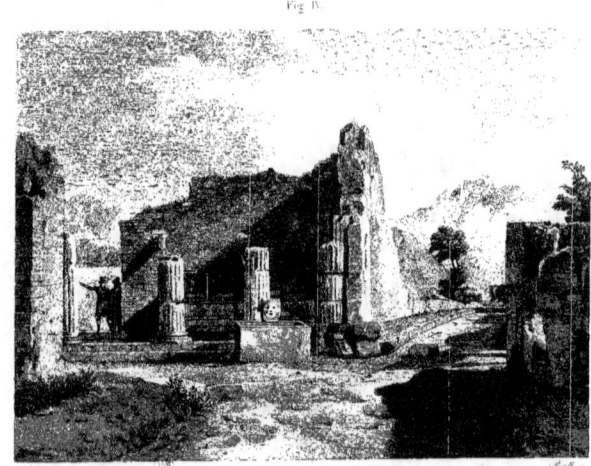

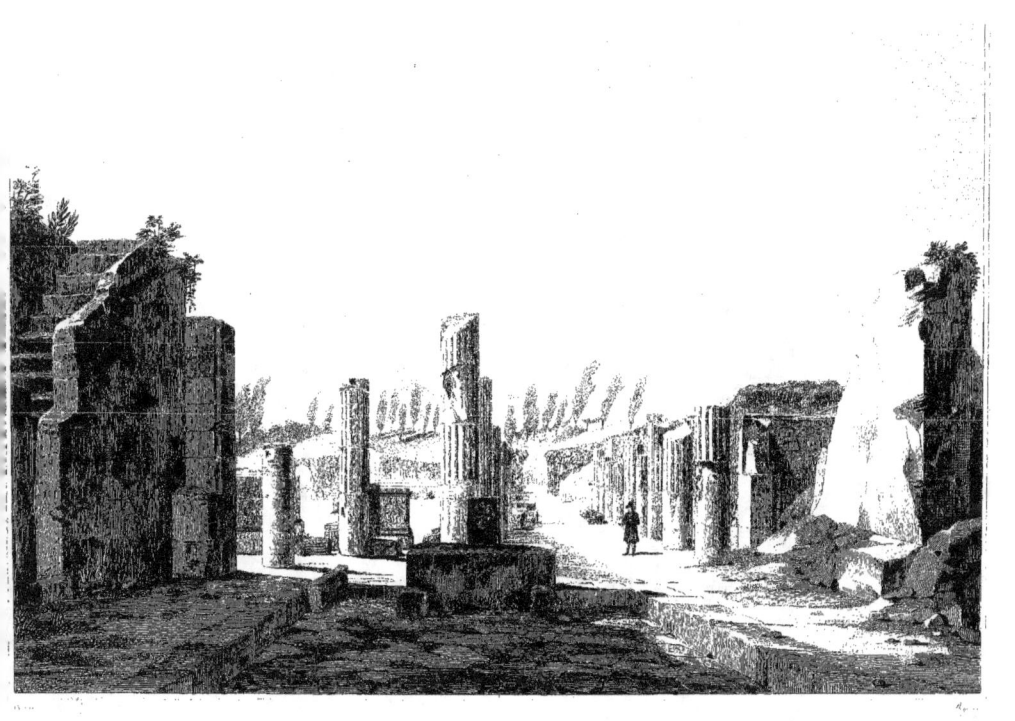

FORUM.

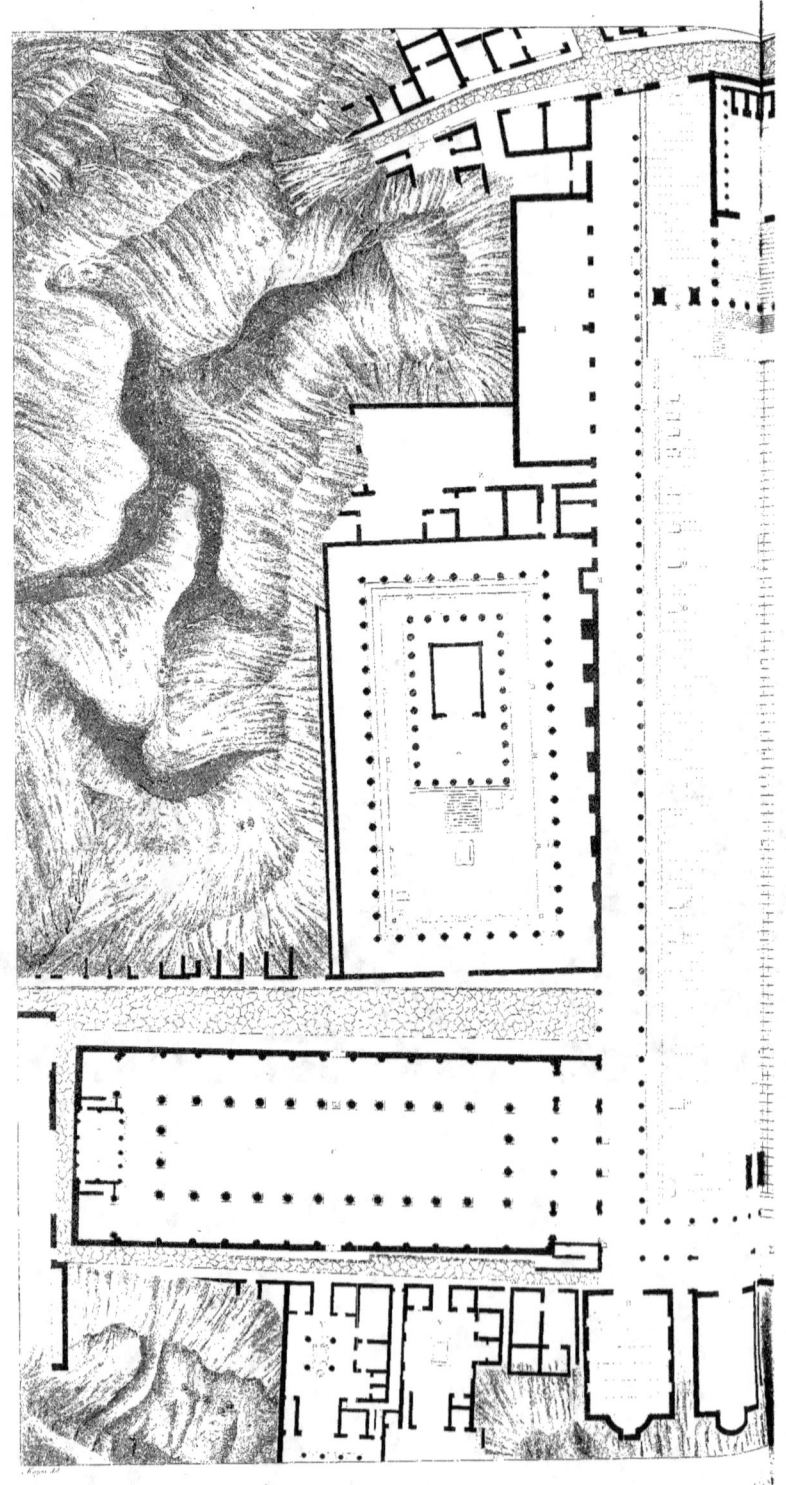

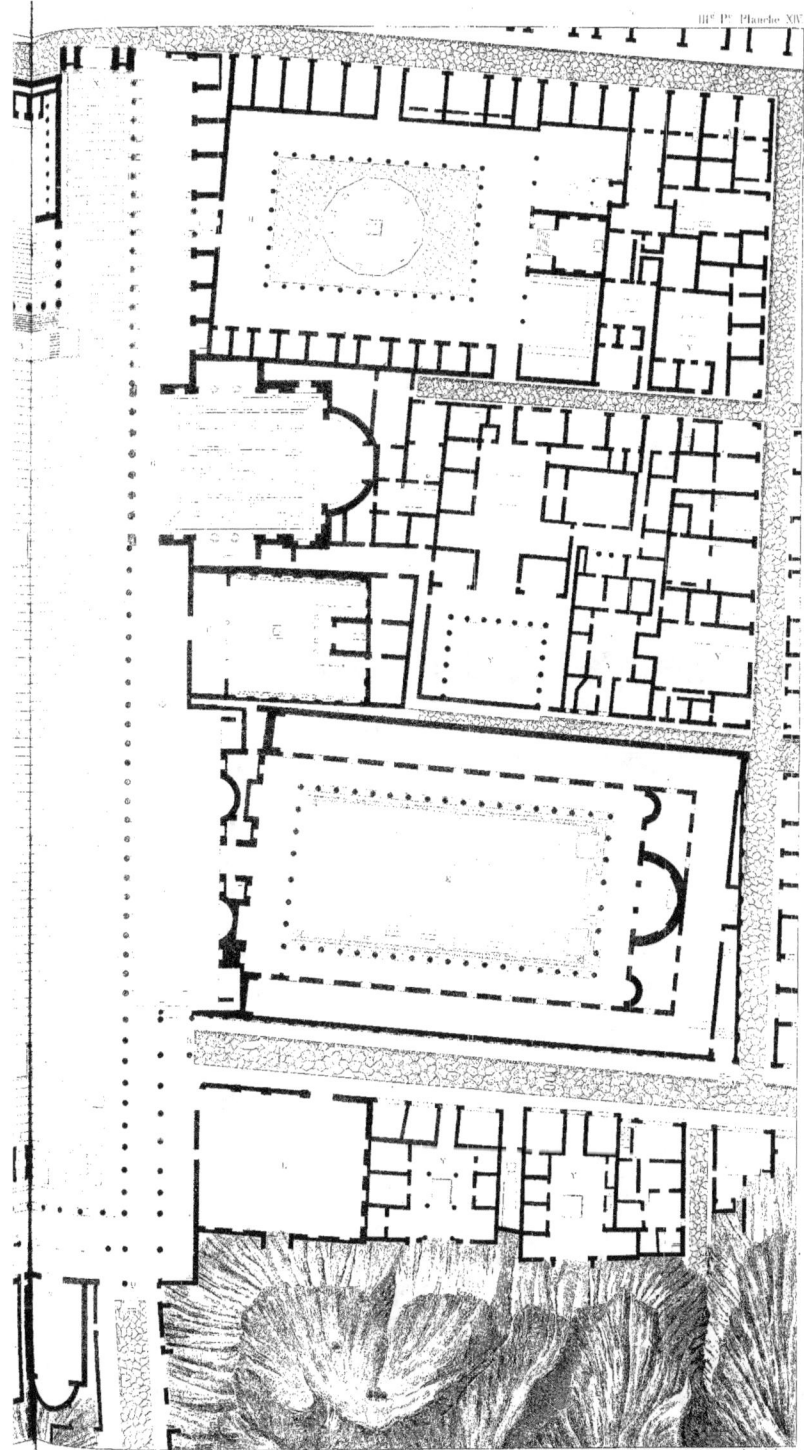

ORDRES DU FORUM

Fig. III.

Fig. V.   Fig. IV.

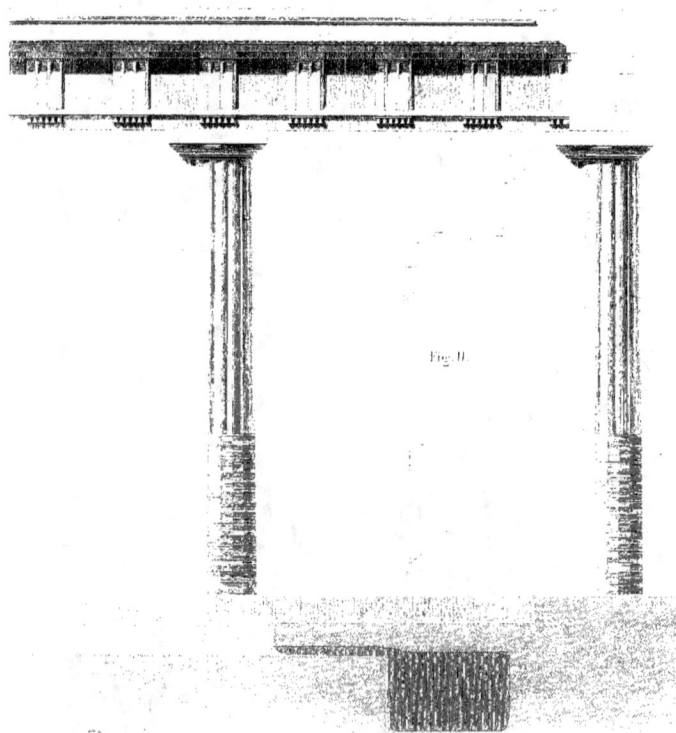

Fig. I.

Fig. II.

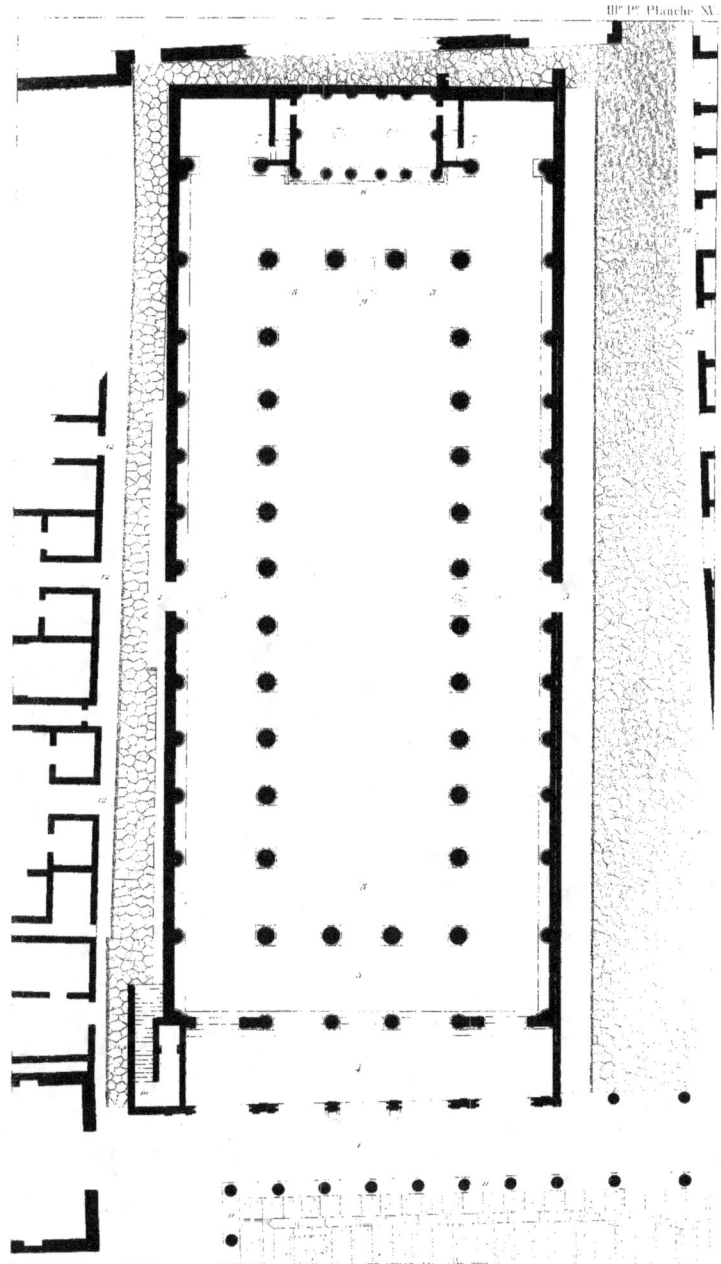

PLAN DE LA BASILIQUE.

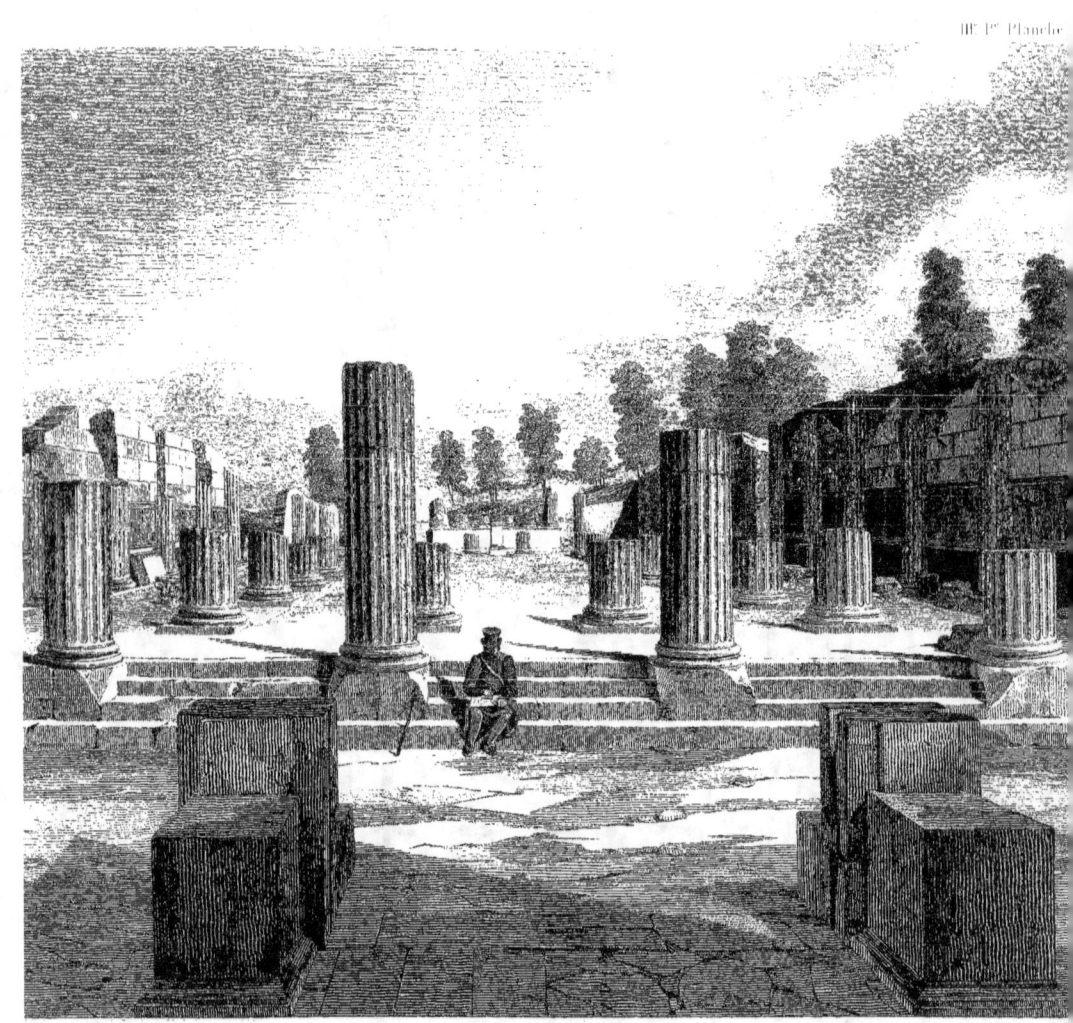

VUE DE LA BASILIQUE.

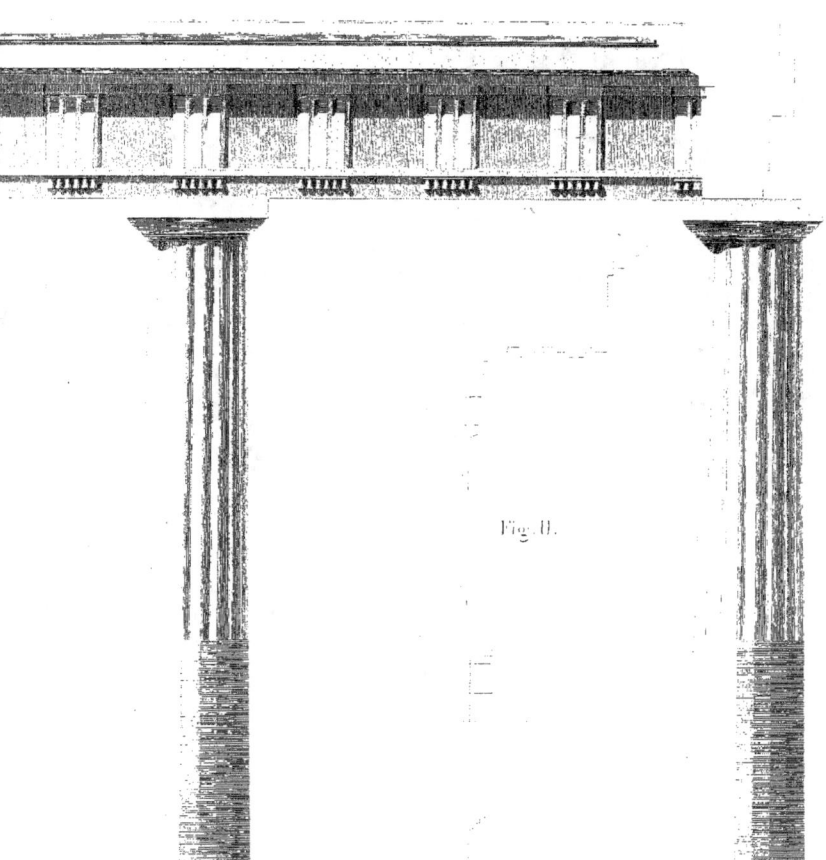

Fig. V.   Fig. IV.

Fig. I.

Fig. II.

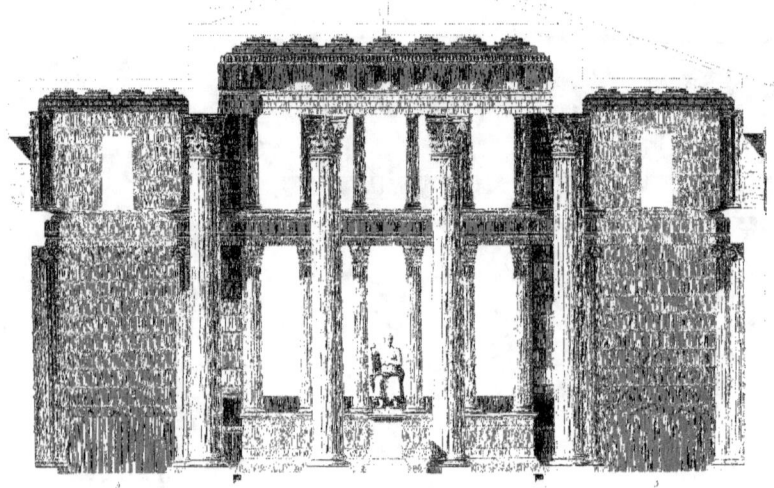

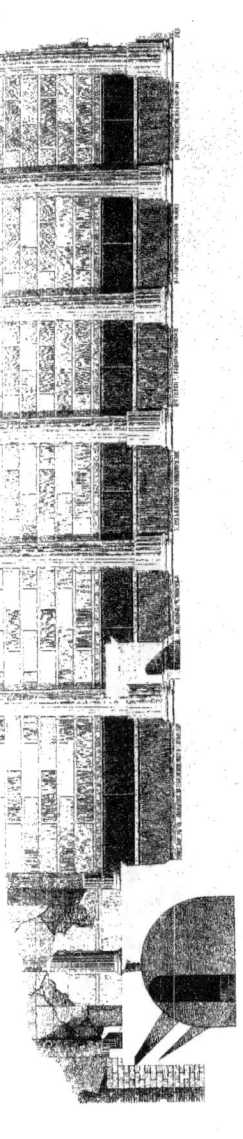

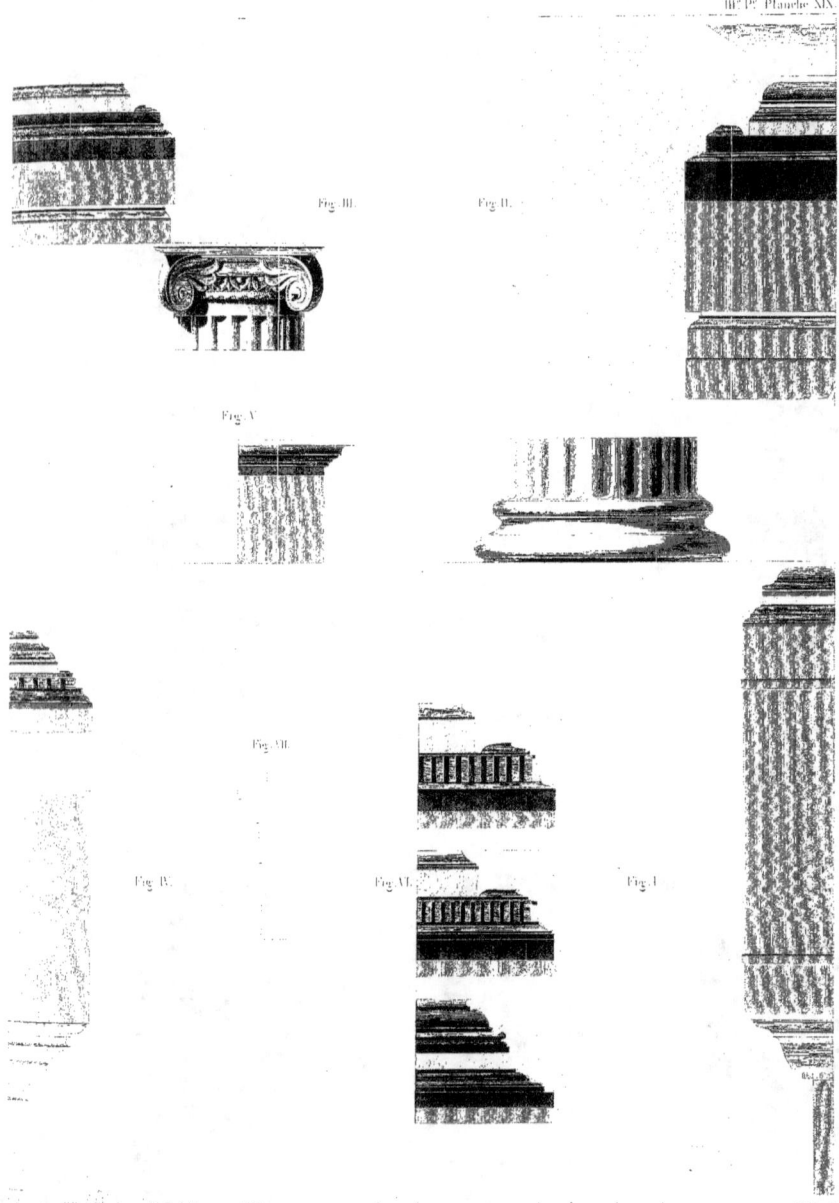

BASILIQUE. DÉTAILS.

Fig. I.

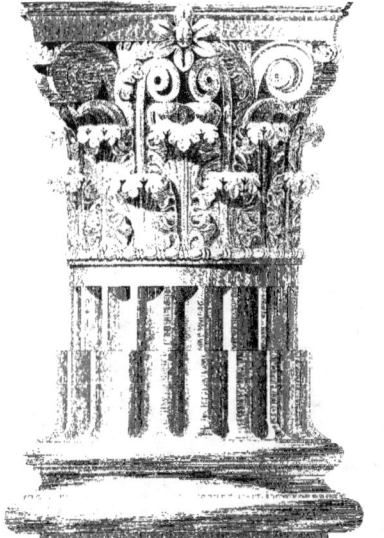

Fig. II.

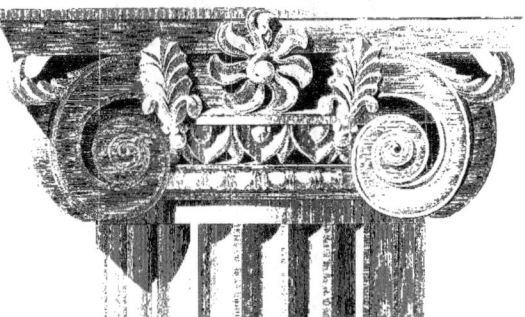

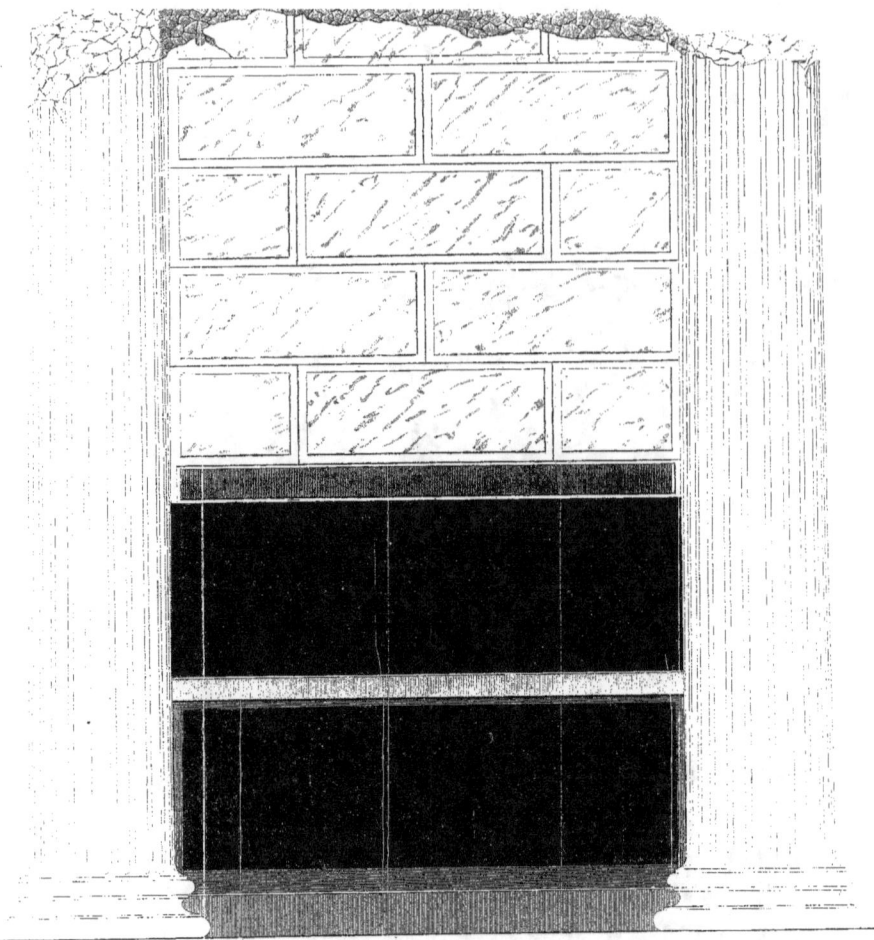

Fig. II.

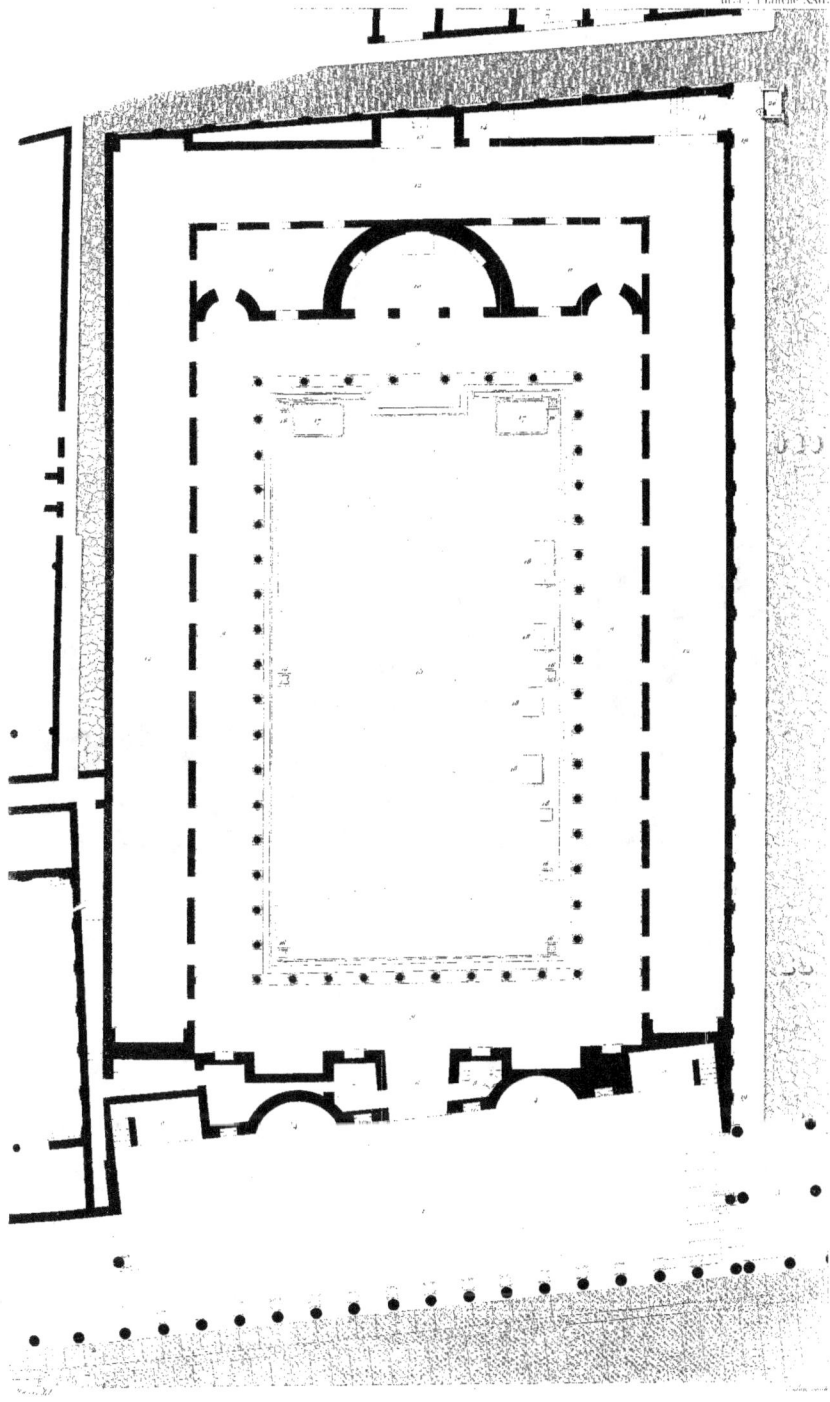

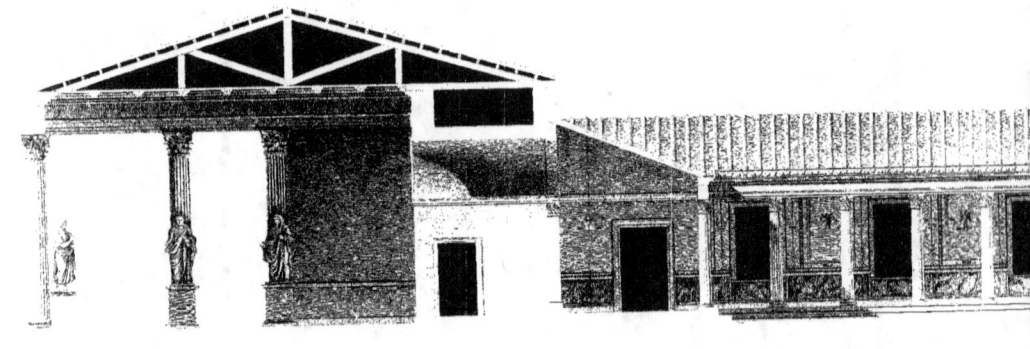

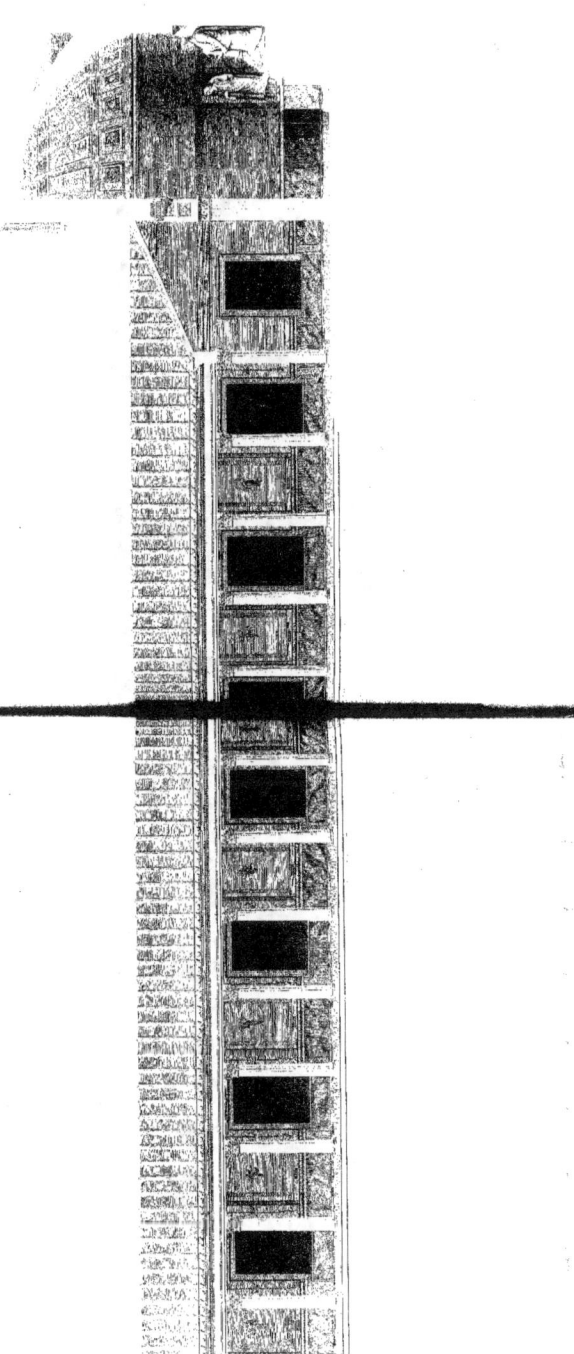

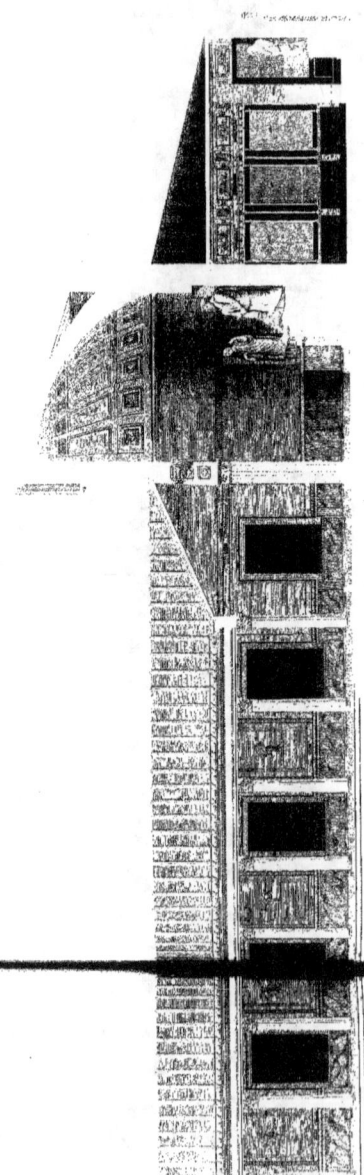

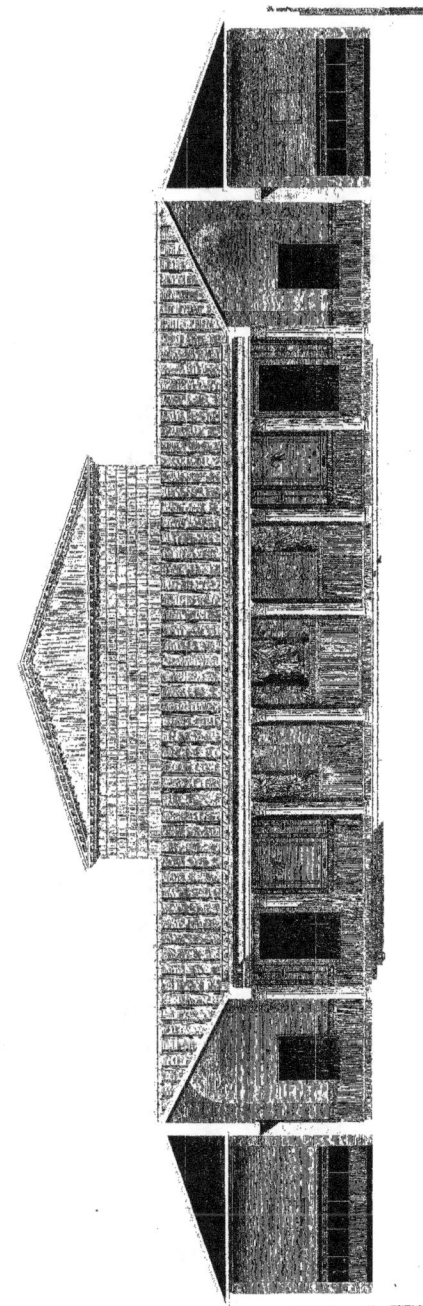

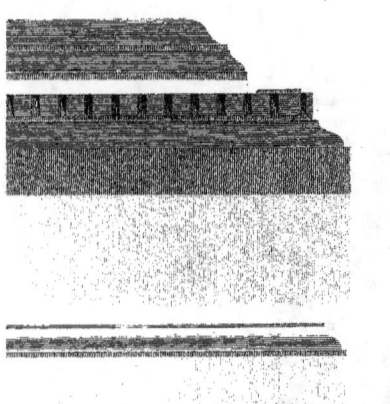
Fig. I.

Fig. IV.

Fig. III.

Fig. II.

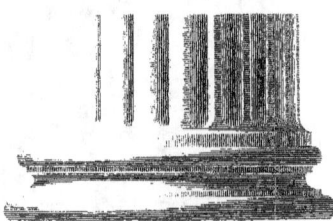

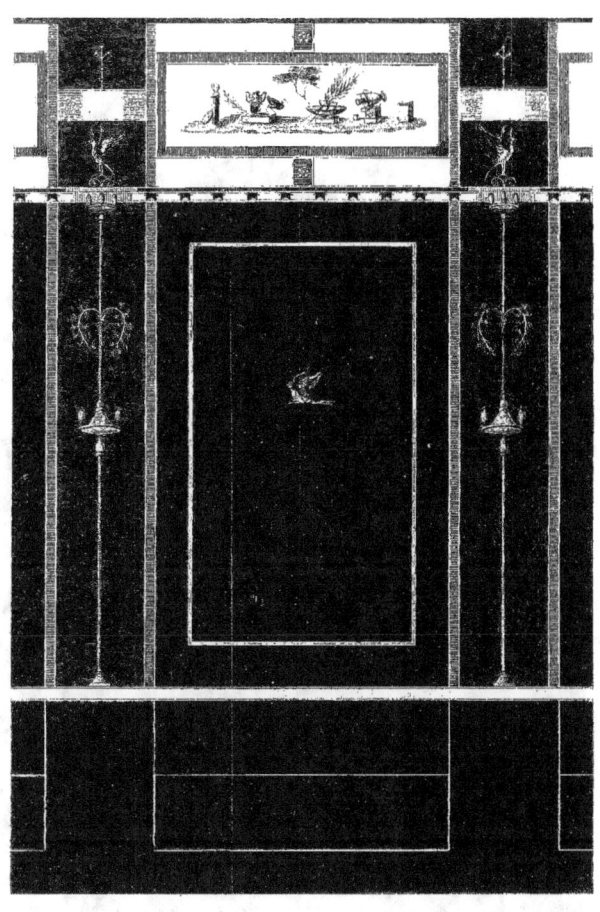
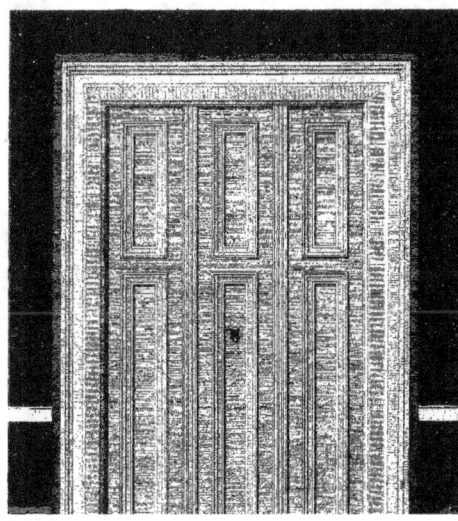

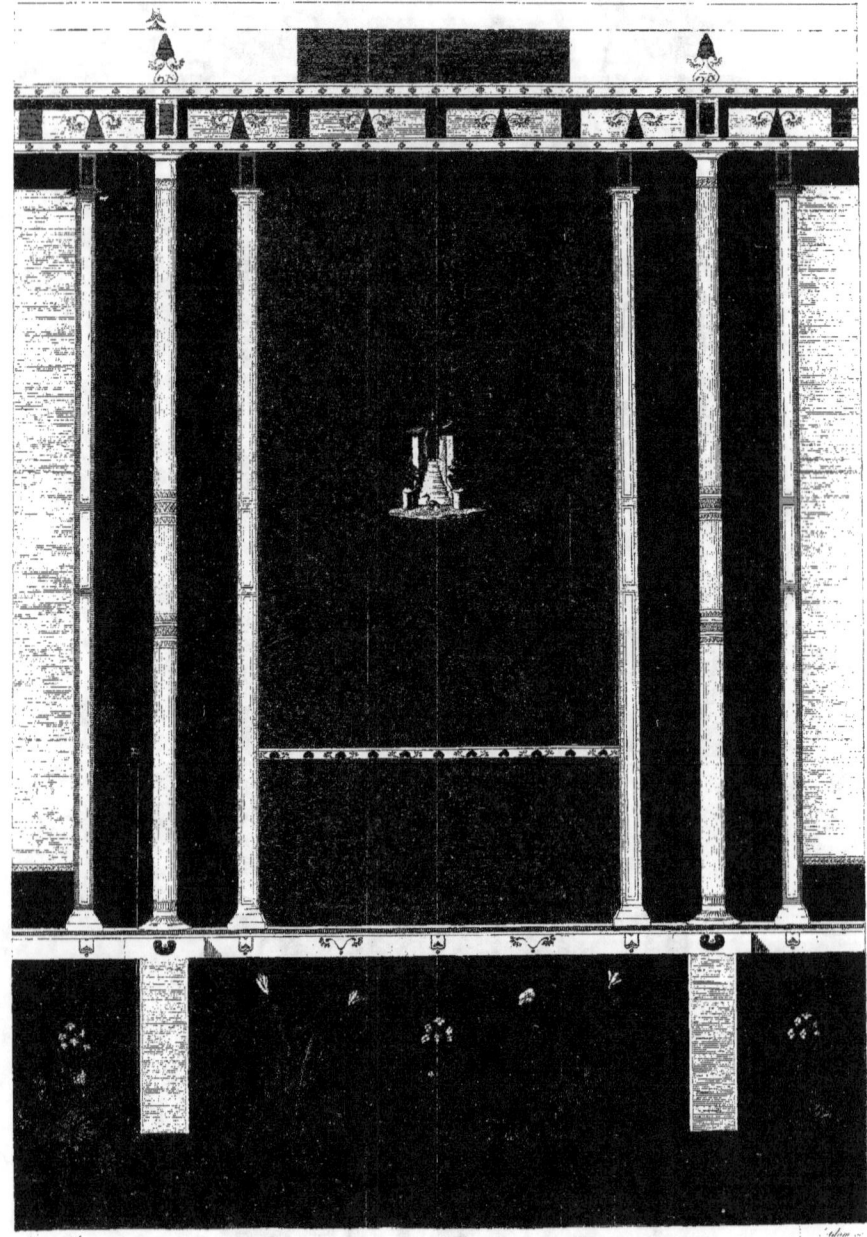

Fig. I.

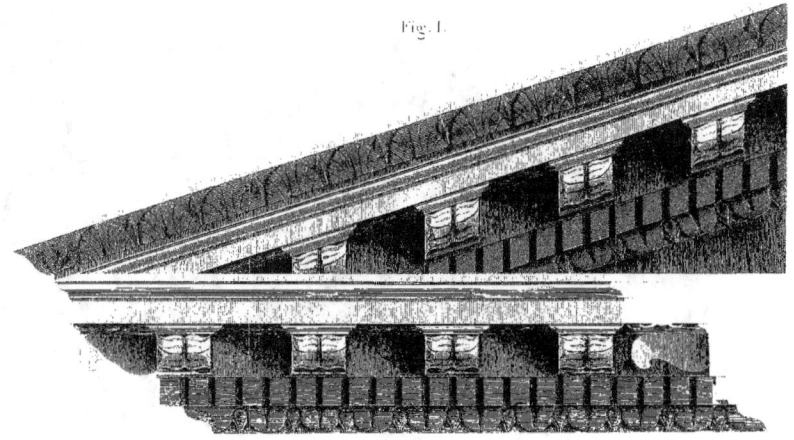

Fig. III.   Fig. II.

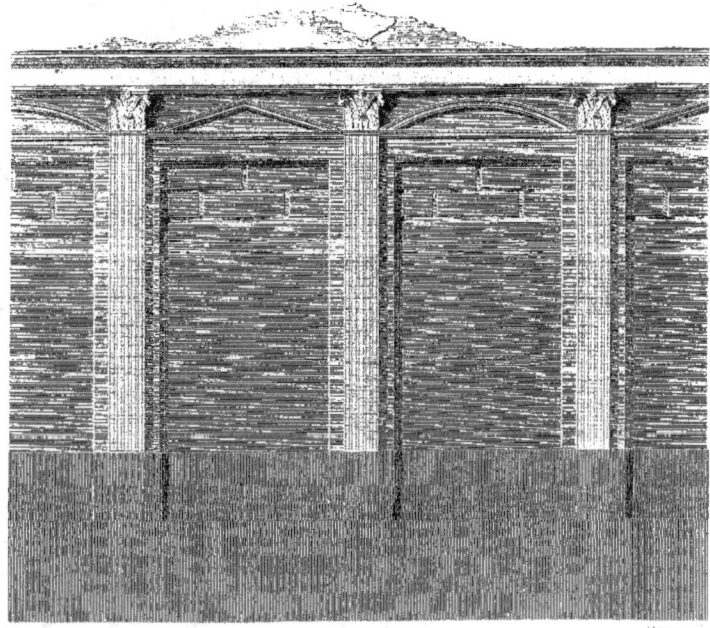

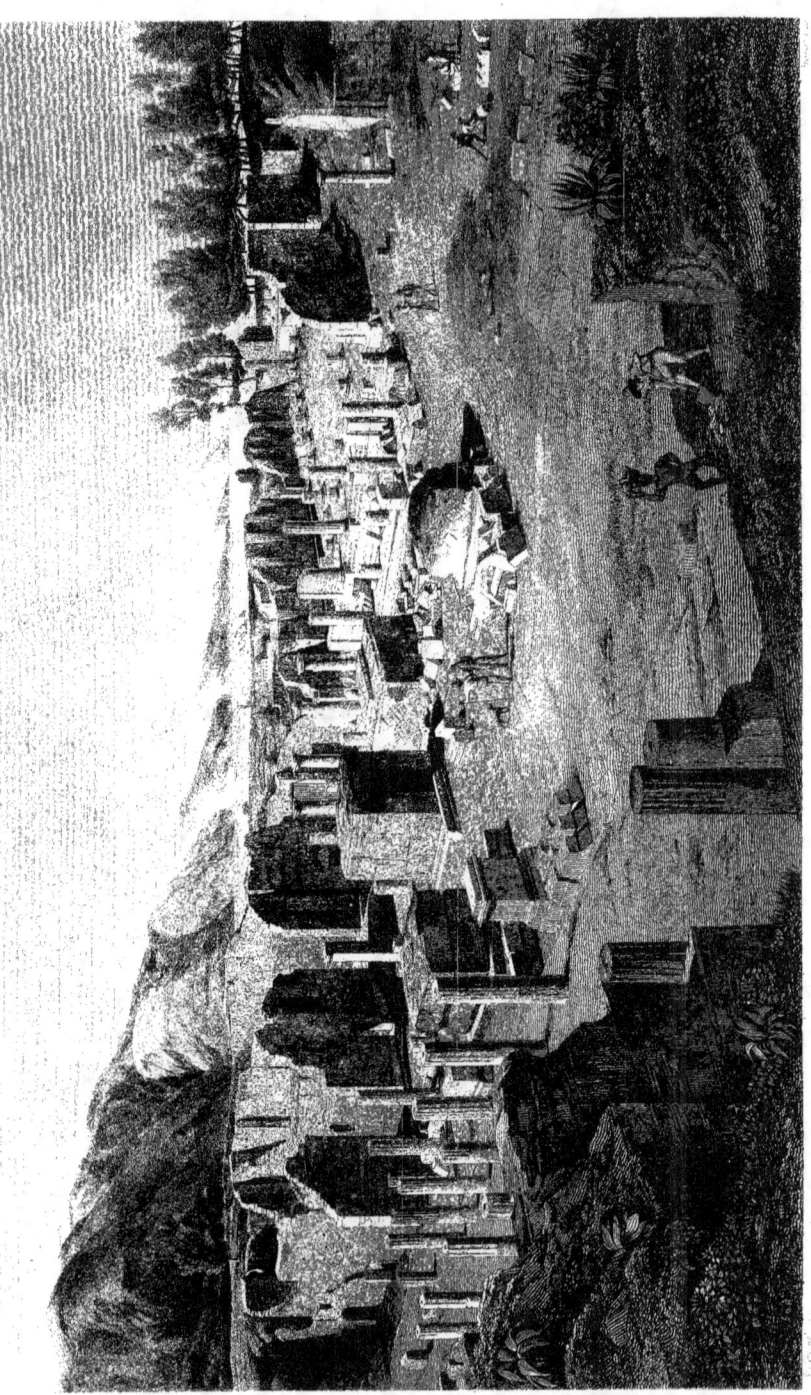

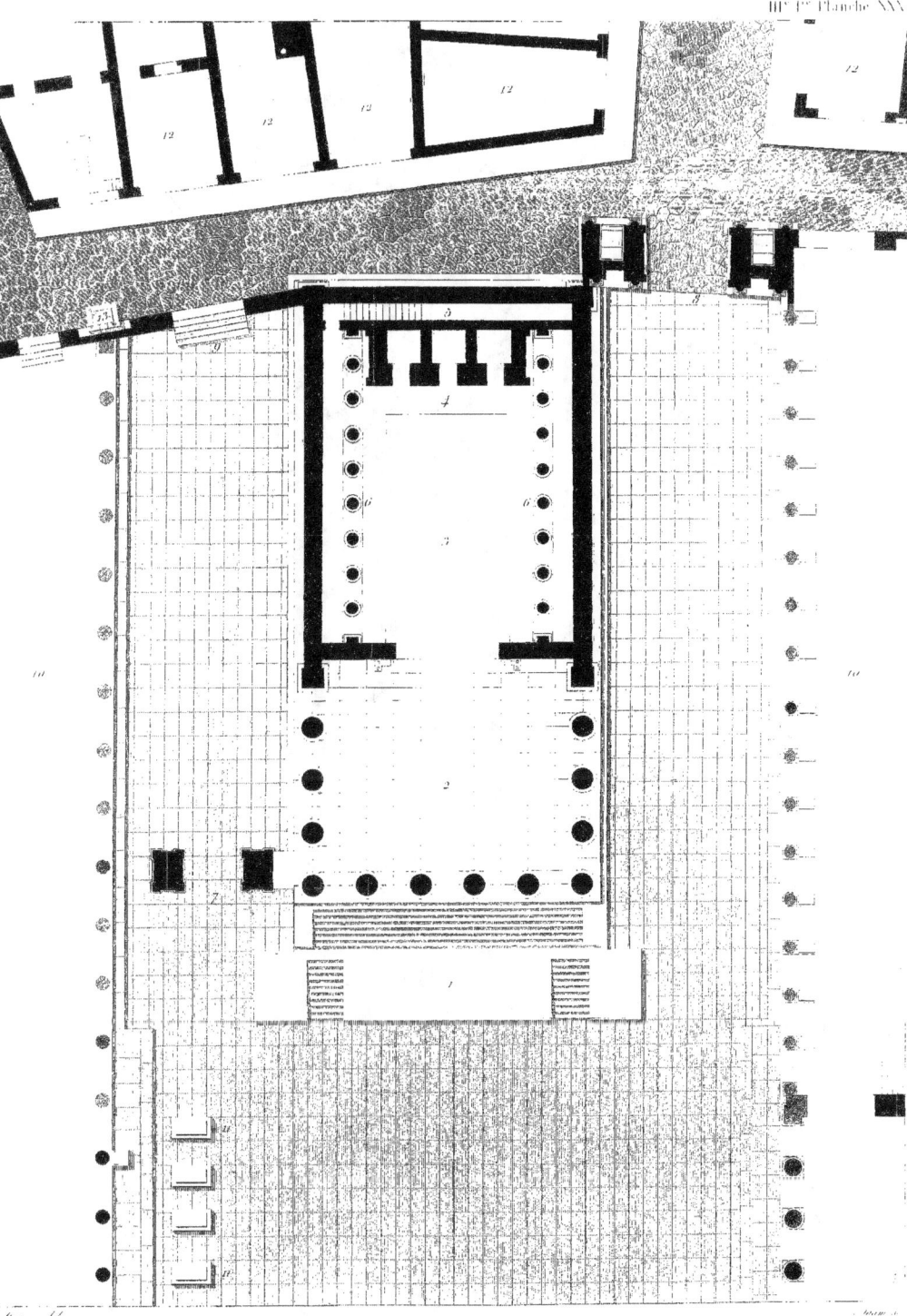

FORUM.

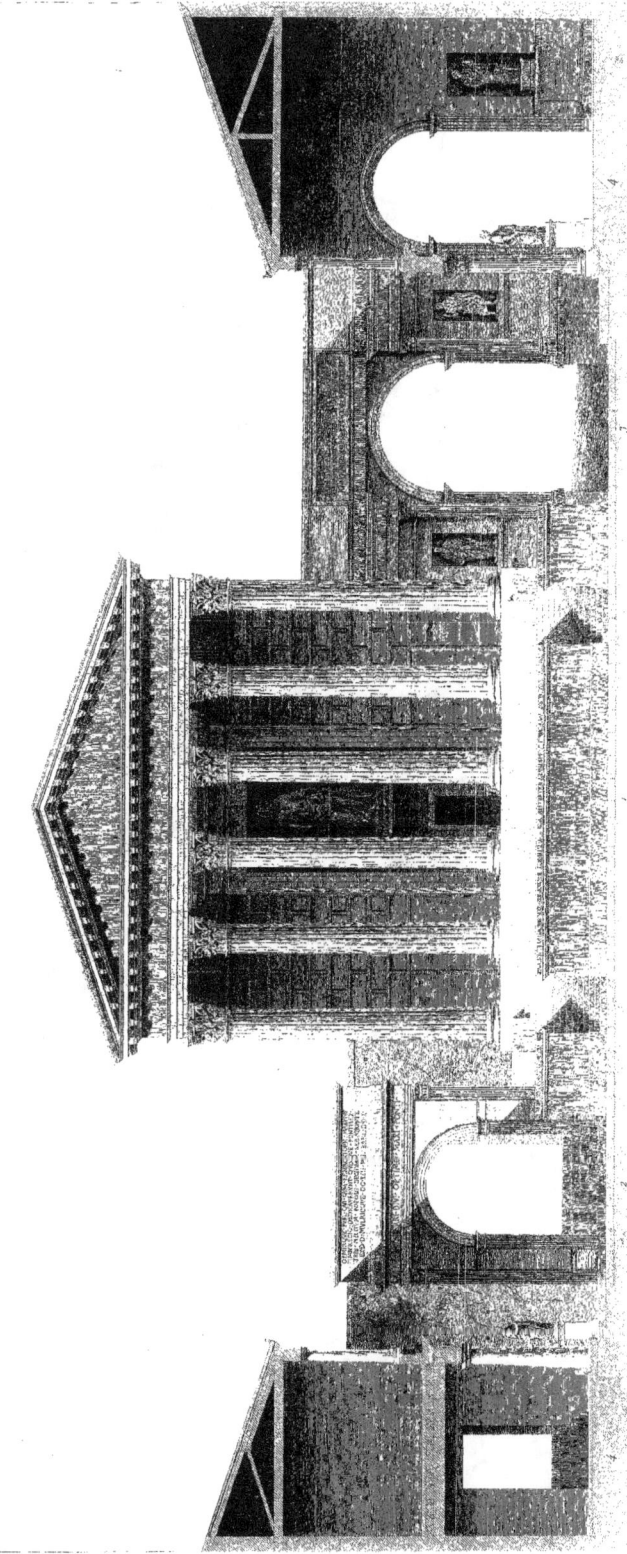

FORUM

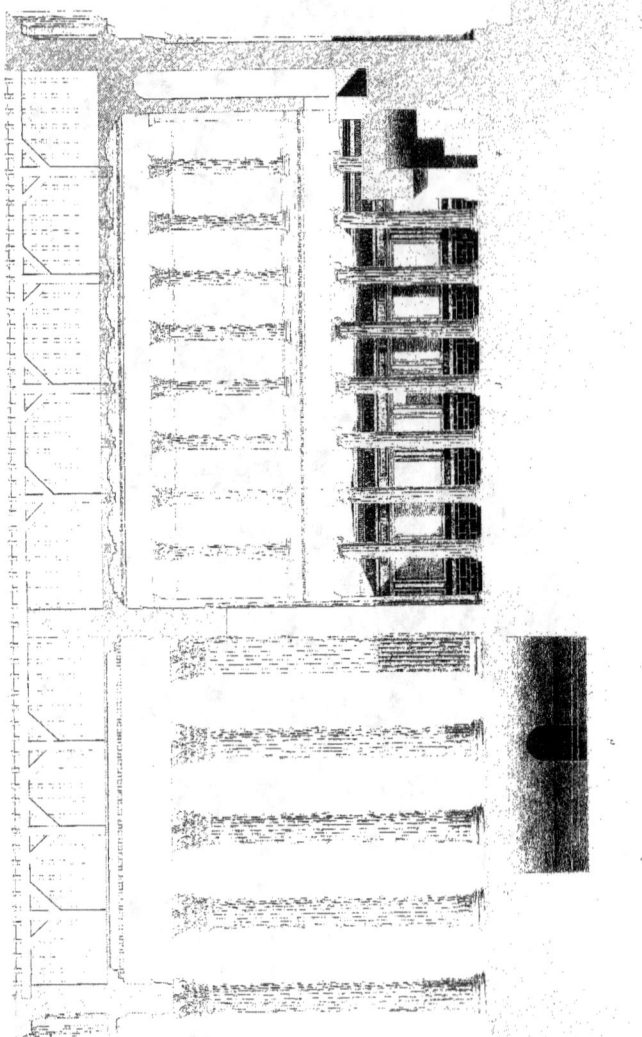

Fig. II

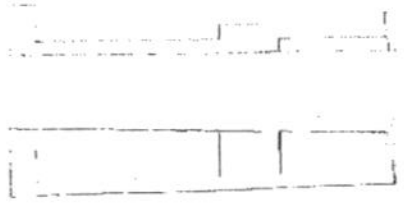

Fig.

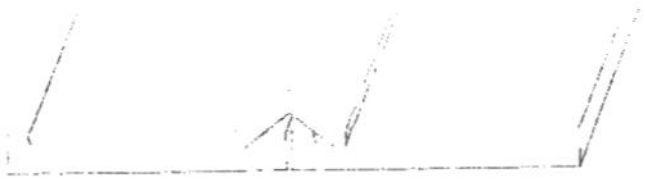

Fig. III

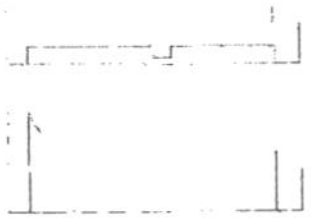

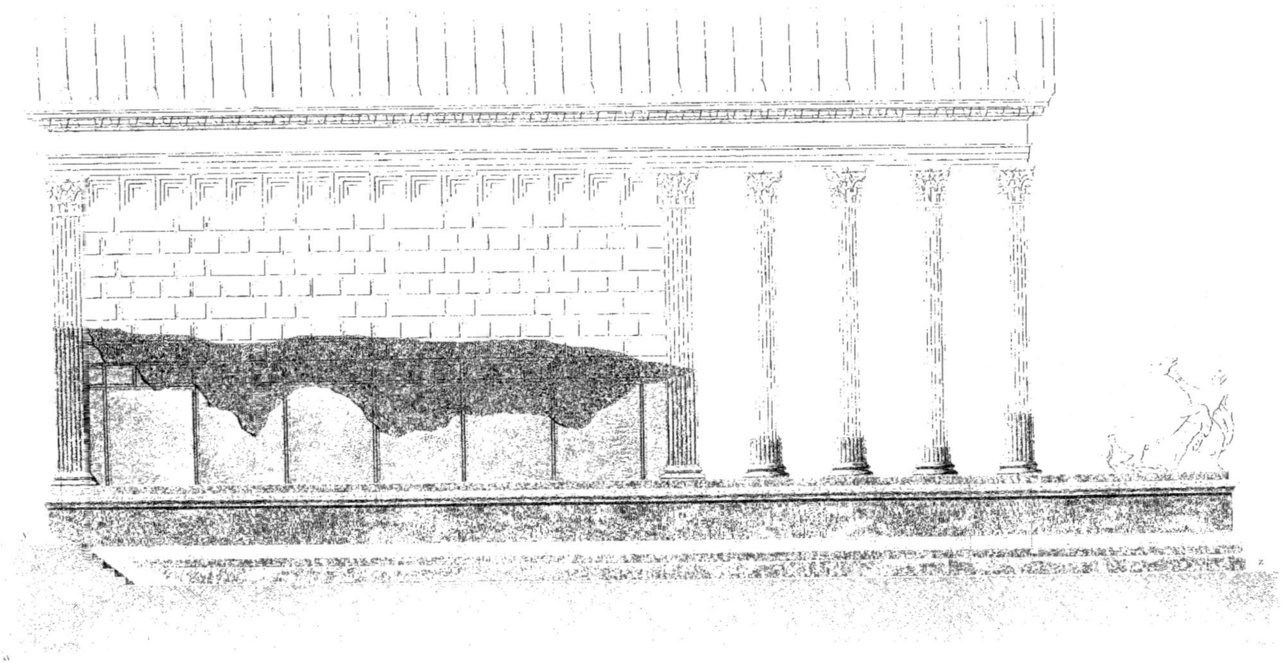

Fig. I.

Fig. IV.

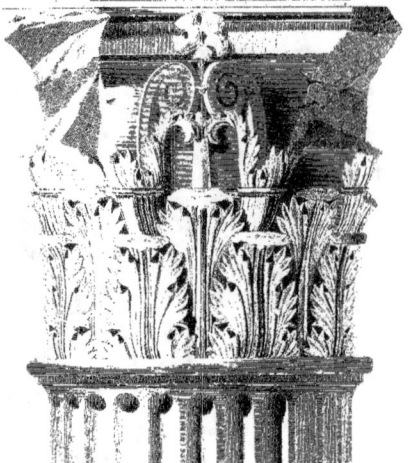

Fig. V.

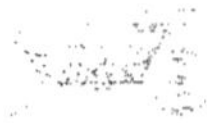

Fig. II.

Fig. III.

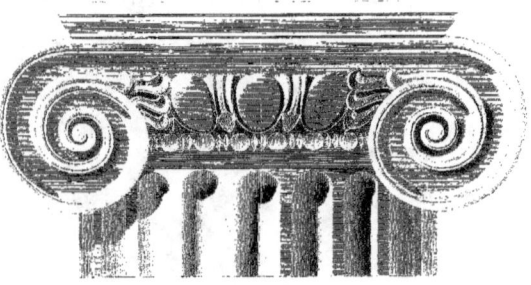

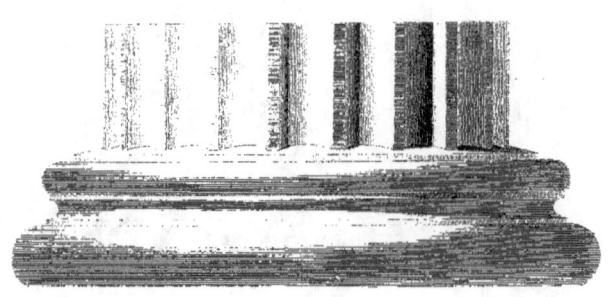

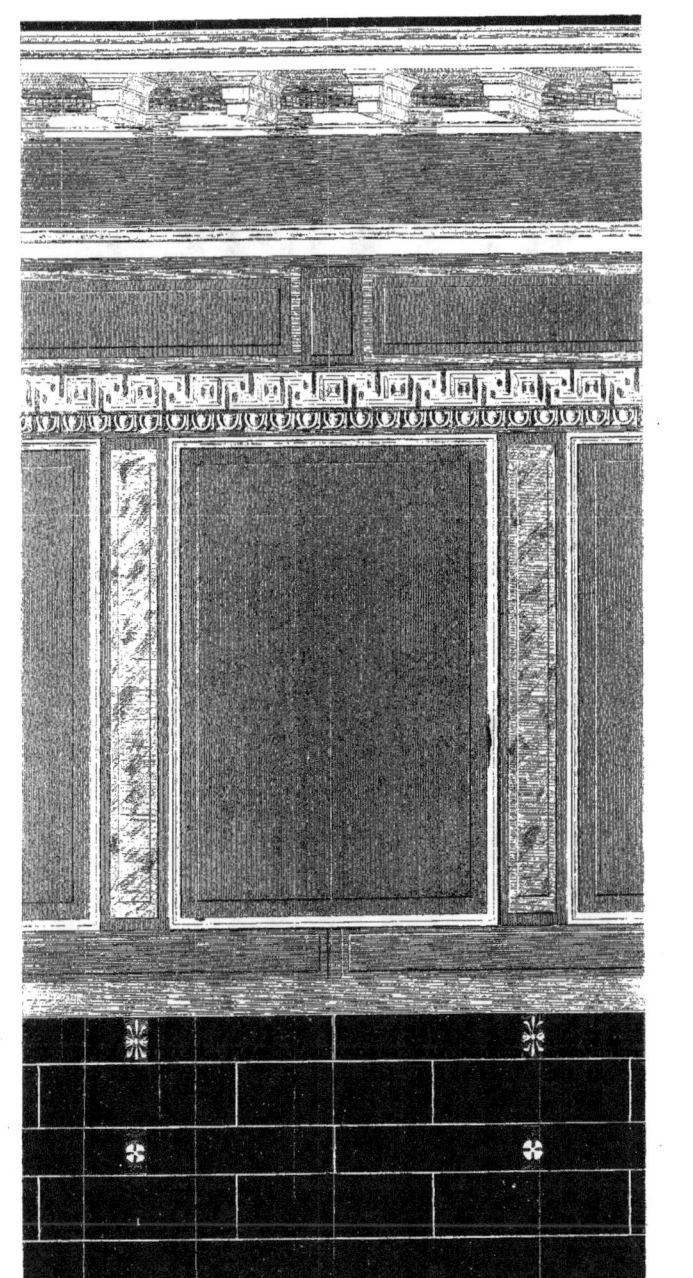

Fig. II.

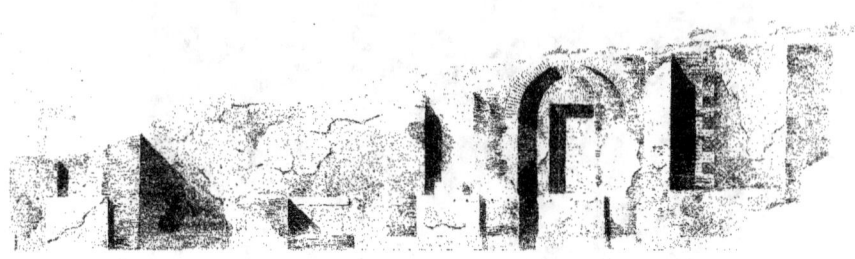

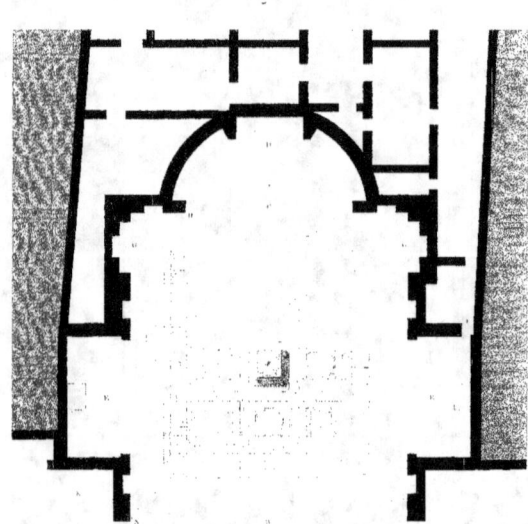

DU FORUM

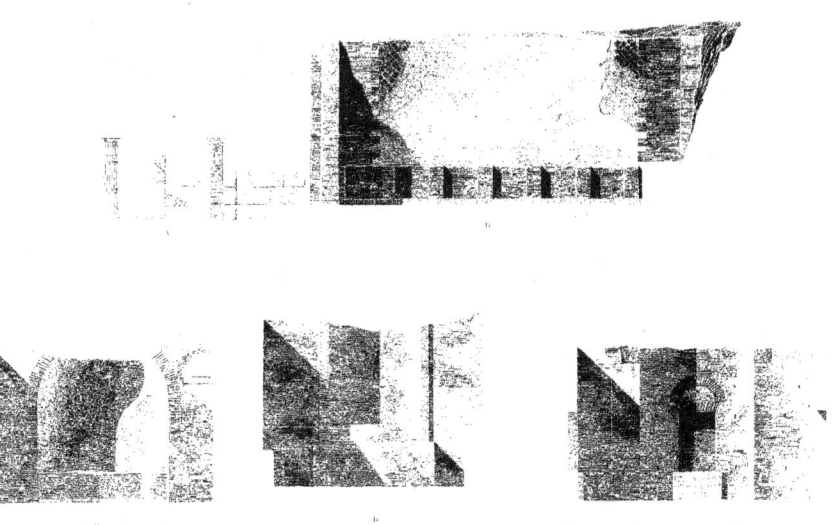
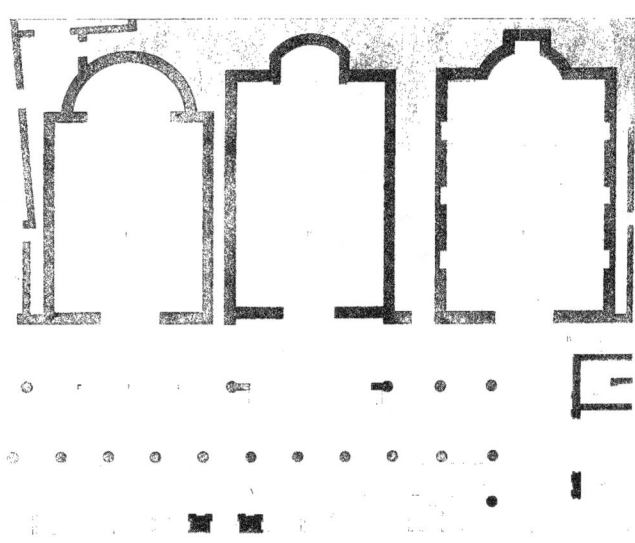

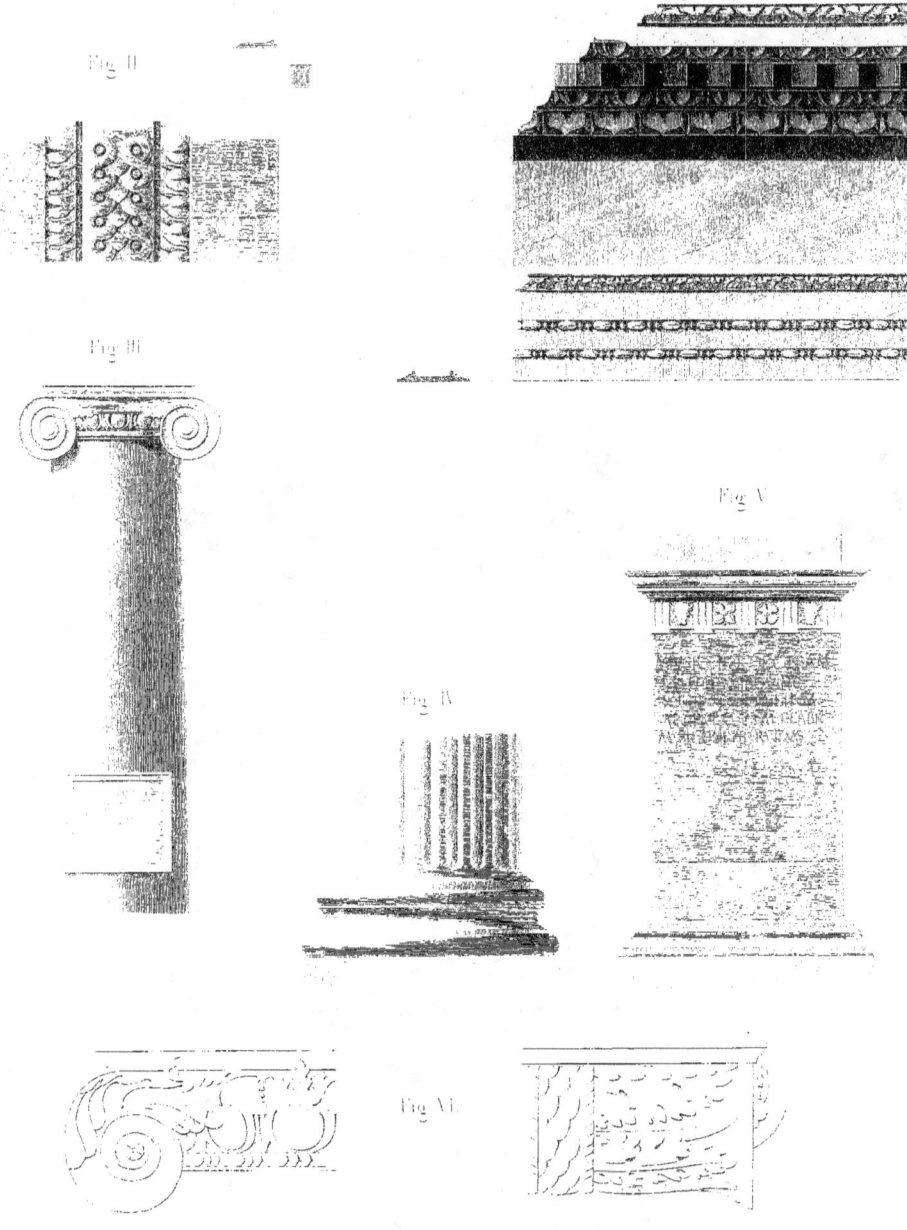

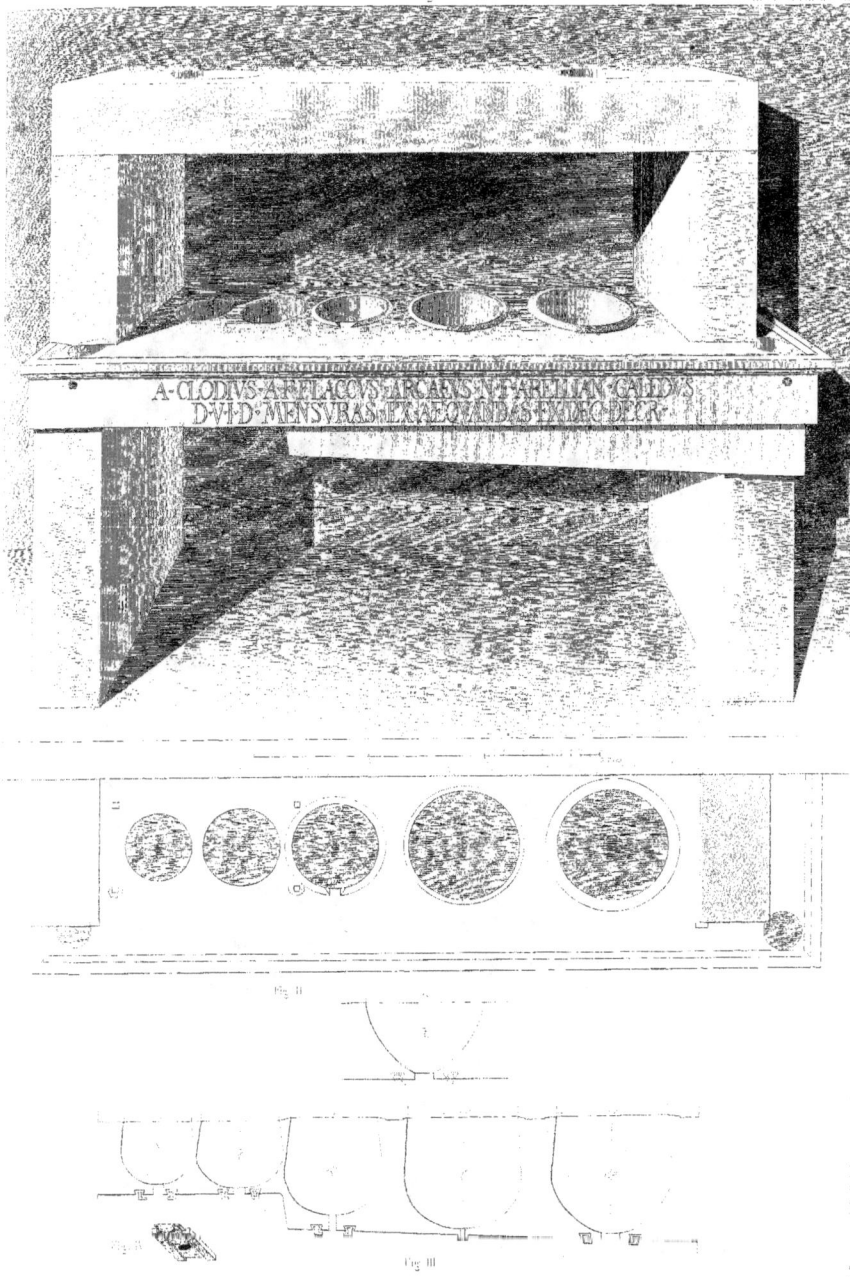

MESURES PUBLIQUES

Fig. I. IIP. 1.re Planche XL.

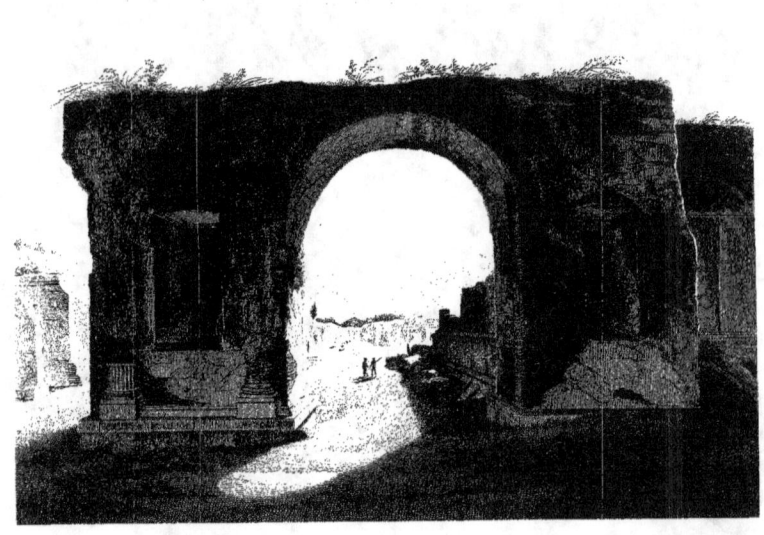

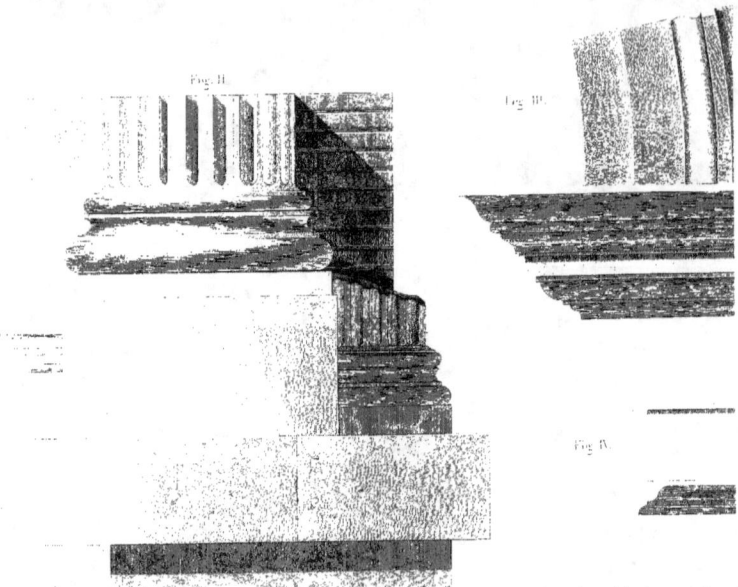

FORUM.

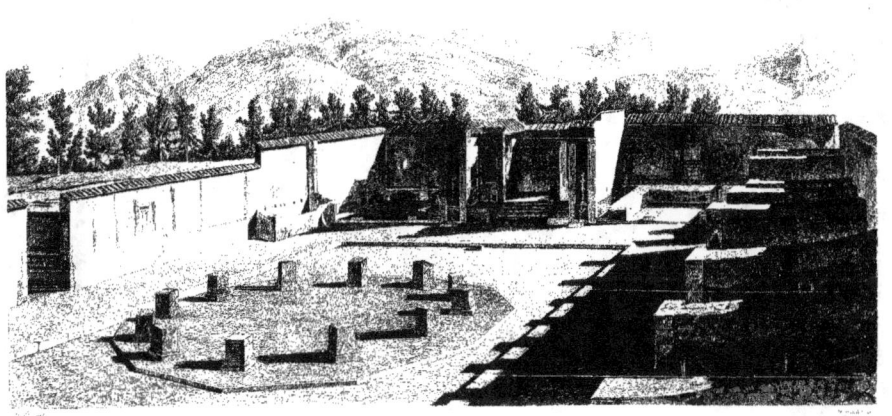

VUE DU PANTHÉON.

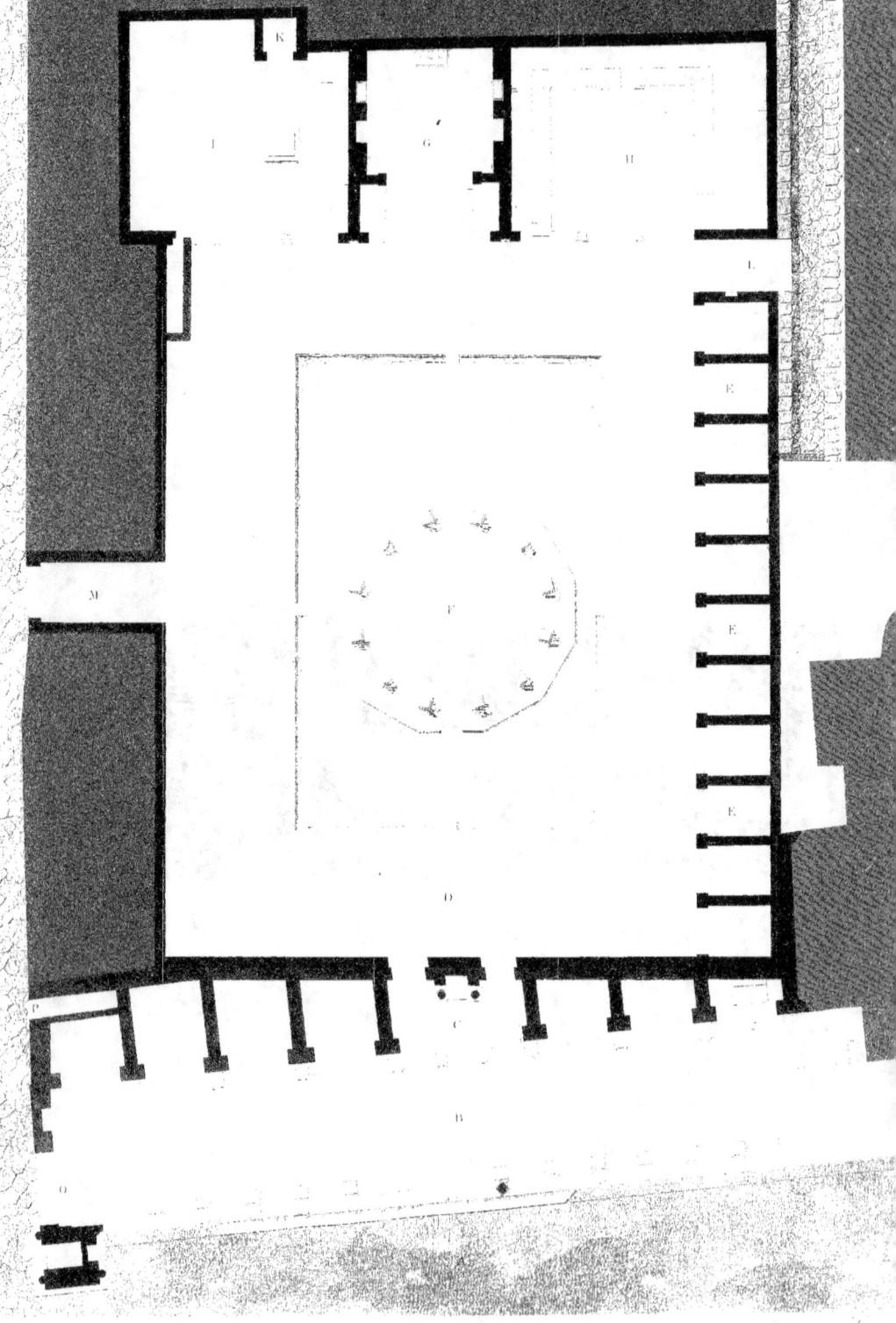

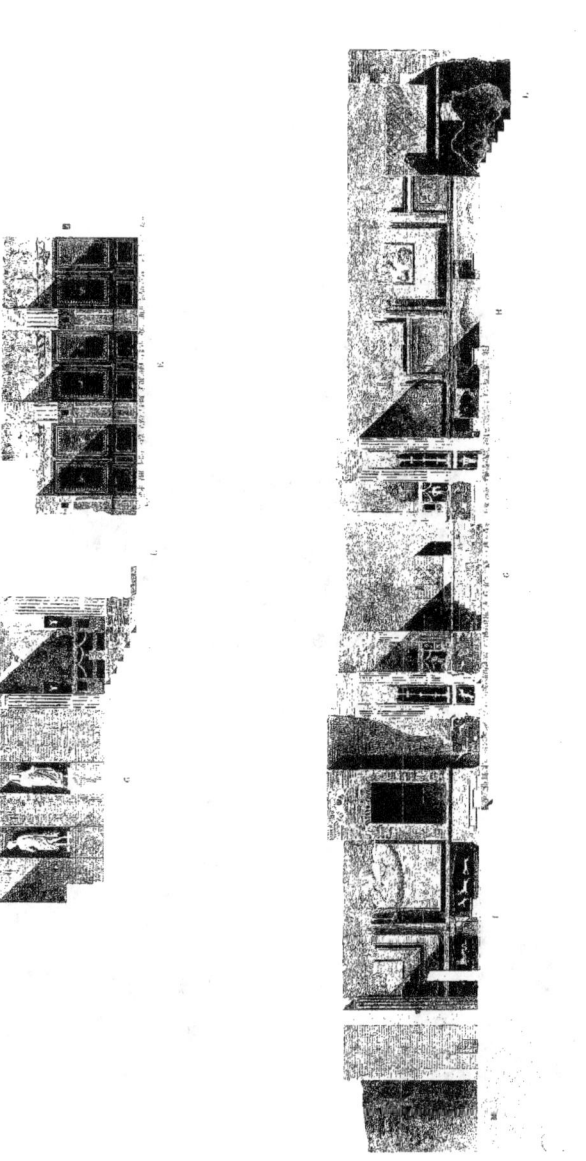

Fig. IV.

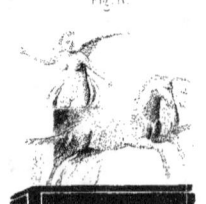

Fig. III.

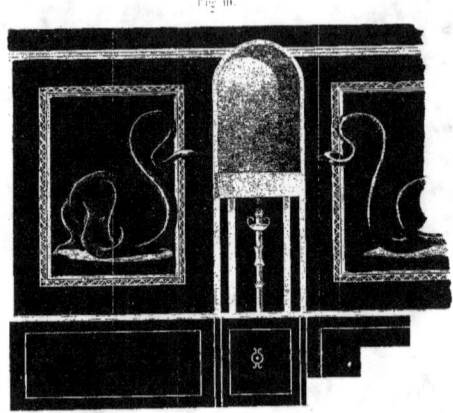

Fig. I.

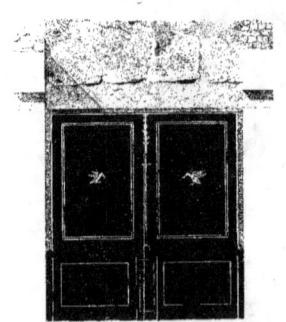

Fig. II.

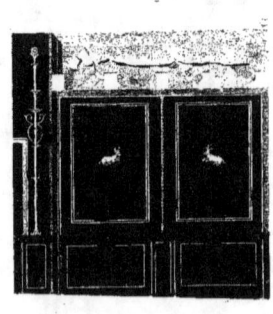

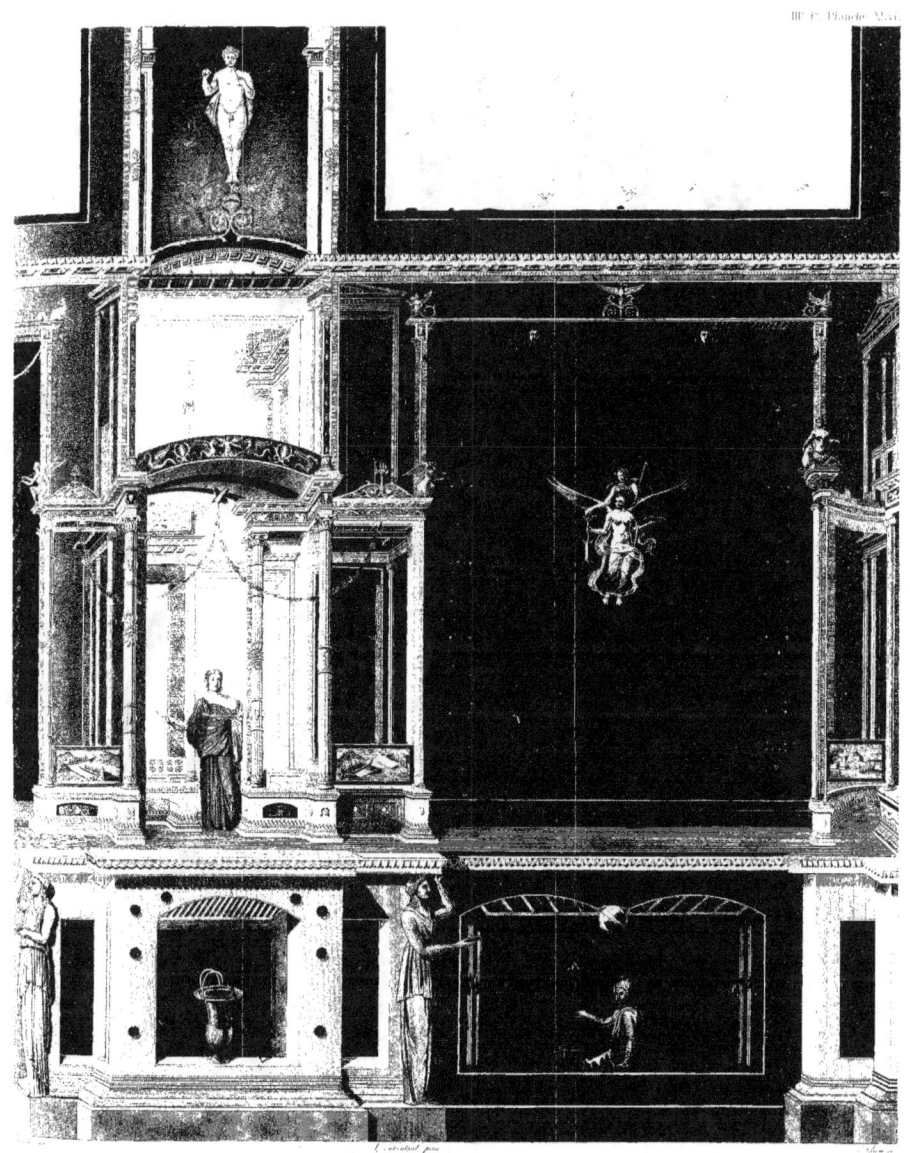

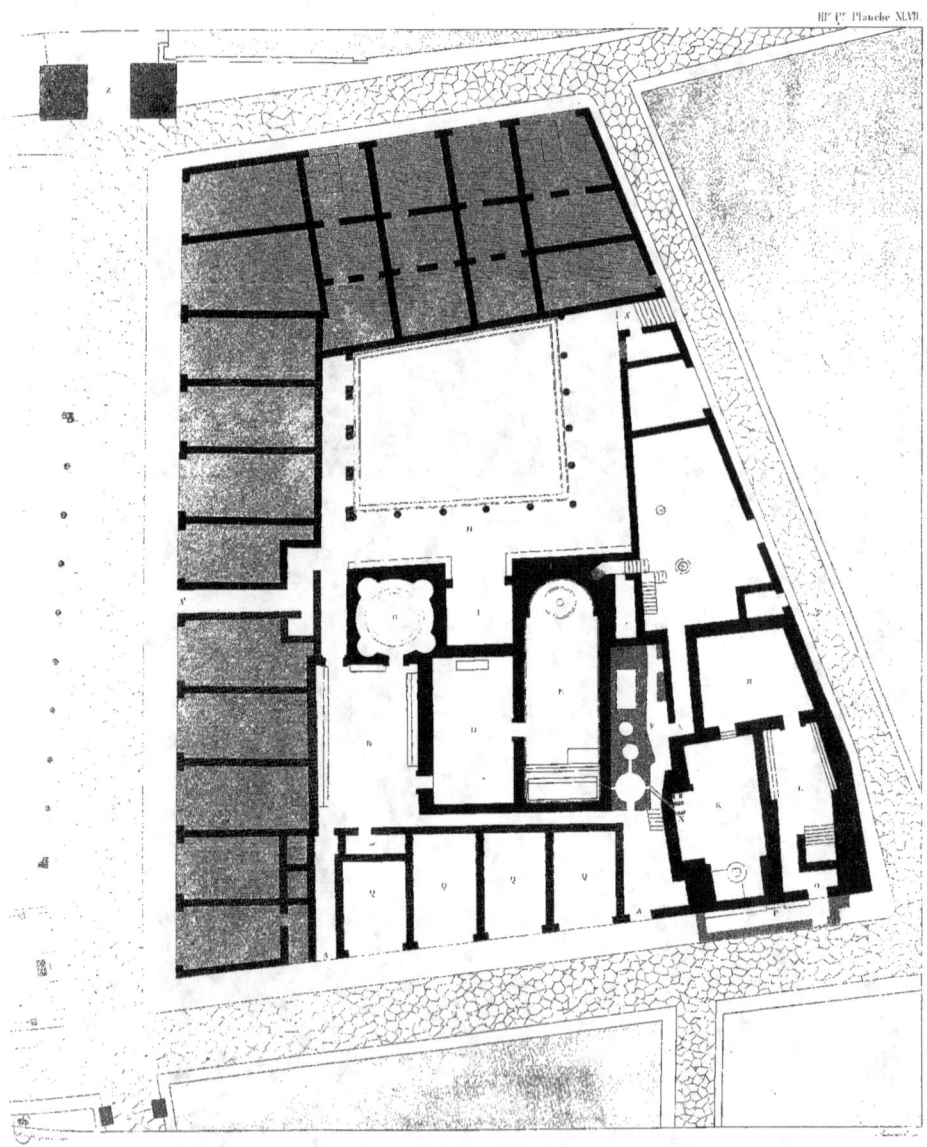

PLAN DES THERMES.

Fig. I.

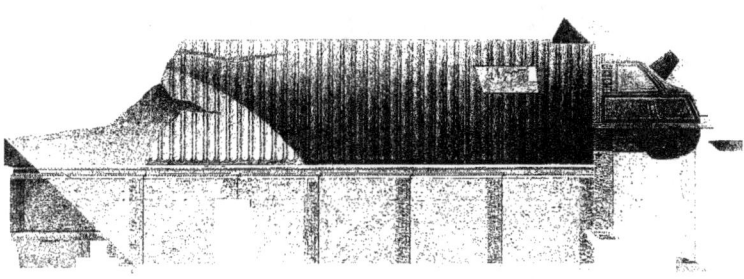

Fig. II.

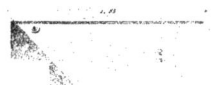

Fig. III.

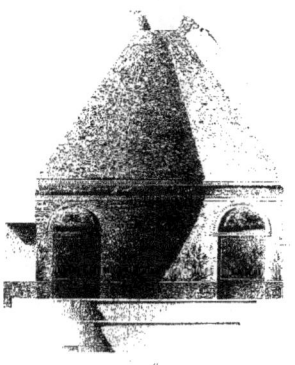

COUPE DES THERMES.

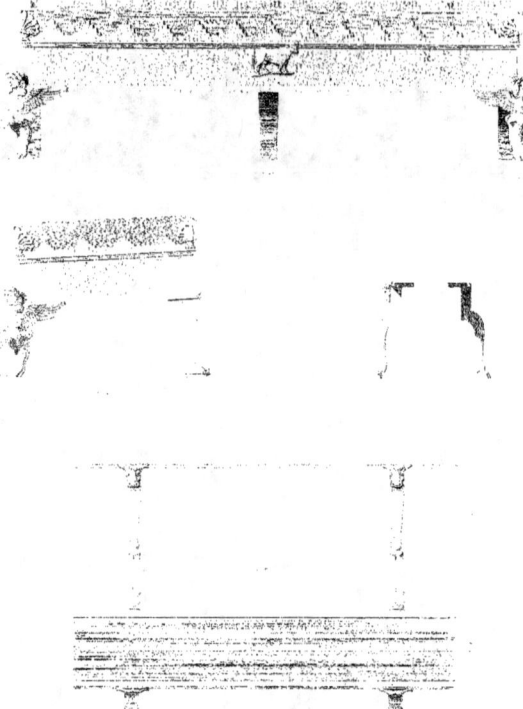

DÉTAILS DES THERMES.

Fig. II.

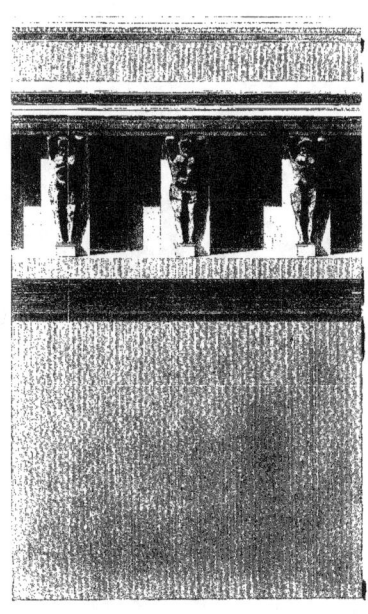

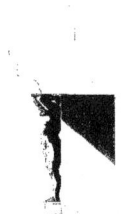

Fig. III.

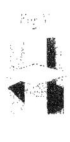

Fig. V.

Fig. I.

Fig. IV.

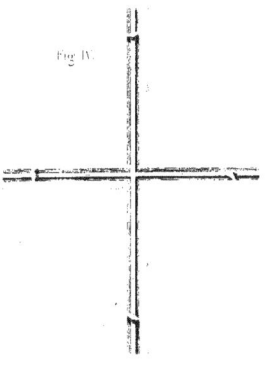

www.ingramcontent.com/pod-product-compliance
Lightning Source LLC
Chambersburg PA
CBHW071555220526
45469CB00003B/1020